CURSO DE FORMACIÓN
MINISTERIAL

GRAMÁTICA CASTELLANA
adaptada para el estudio bíblico

DEDICATORIA

Al Verbo Divino

CURSO DE FORMACIÓN
MINISTERIAL

GRAMÁTICA CASTELLANA
adaptada para el estudio bíblico

HOMILÉTICA

editorial clie

Dr. Jorge Cotos

EDITORIAL CLIE
M.C.E. Horeb, E.R. n.º 2.910 SE-A
C/ Ramón Llull, 20
08232 VILADECAVALLS (Barcelona) ESPAÑA
E-mail: libros@clie.es
Internet: http:// www.clie.es

GRAMÁTICA CASTELLANA
Adaptada para el Estudio Bíblico

© por el autor Jorge L. Cotos

Depósito legal: B-8862-2007
ISBN: 978-84-7645-536-4

Impreso en Publidisa

Printed in Spain

Clasifíquese:
323 HOMILÉTICA:
Auxiliares para preparación de sermones
CTC: 01-04-0323-06
Referencia: 223432

ÍNDICE

CAPÍTULO III

CAPÍTULO IV

CAPÍTULO V

PRÓLOGO

Por años hemos estado recibiendo cartas de parte de profesores de Institutos Bíblicos, especialmente dentro del área hispana en los Estados Unidos, cartas expresándonos la necesidad de un libro que cubra los aspectos prácticos de la asignatura de lenguaje y oratoria. Pero, lamentablemente, no disponíamos de un original publicable sobre el tema, escrito desde una perspectiva cristiana.

Finalmente, a través del Rev. Luis O. Robles, Director del Departamento de Educación del «Spanish Eastern District Assemblies of God» nos llegó el manuscrito del Dr. Jorge Cotos. Un breve examen fue suficiente para darnos cuenta de que era exactamente lo que durante tanto tiempo habíamos venido buscando.

Por un lado, la oratoria y la correcta utilización de los vocablos son vitales para todos aquellos que tienen el propósito de dedicar su vida a la comunicación del más importante de los mensajes que al hombre le es dado transmitir: Las Buenas Nuevas de salvación en Cristo.

Por otro, los Seminarios e Institutos Bíblicos en los Estados Unidos tienen que enfrentarse a un problema que no se da en otros países de habla española: el bilingüismo. Ello hace que muchos alumnos, aun de origen hispano pero educados en colegios de habla inglesa, experimenten dificultades en el uso correcto de la lengua castellana cuando acuden a un Seminario o Instituto Bíblico, a fin de prepararse para el ministerio en el área de habla española.

Además, el lenguaje bíblico de nuestra versión de Casiodoro de Reina, aunque actualizado por sus distintas revisiones, afortunadamente sigue conservando su belleza excepcional, lo que implica una serie de vocablos y formas gramaticales poco frecuentes en el lenguaje vulgar y que requieren, por tanto, desde el punto de vista gramatical, de un enfoque y estudio particular.

El libro del Dr. Cotos cubre amplia y adecuadamente todos estos aspectos. Partiendo de la importancia de la comunicación del lenguaje cristiano, expone todas las reglas y formas gramaticales basándose en el texto bíblico, hasta llegar a los aspectos prácticos de cómo redactar cartas, Actas, Oficios y otros documentos propios de la labor pastoral, pasando por todos los giros gramaticales del castellano.

Estamos seguros de que, utilizado en conjunto con las obras *Sinónimos Castellanos*, del Dr. Samuel Vila, y el *Diccionario de Figuras de Dicción usadas en la Biblia*, del Dr. Francisco Lacueva, el presente libro será una herramienta de trabajo útil y eficaz, que honra a su autor y que para nosotros resulta un privilegio poner en manos de profesores y maestros cristianos.

Los EDITORES

CAPÍTULO I

El lenguaje

GENERALIDADES

El lenguaje es inherente a la naturaleza divina.
¡DIOS ES LA PALABRA!
El Trino Dios ha hablado desde la eternidad y hablará por la eternidad. Antes de la creación, el Padre, el Hijo y el Espíritu Santo hablaron el uno con el otro. Mantuvieron diálogo sacratísimo. Intercambiaron el lenguaje divino impregnado de perfección, conocimiento, amor y poder. ¡Maravilloso lenguaje divino! ¡Lenguaje con vida y luz! No hay nada comparable al lenguaje de Dios.

Y después del Juicio Final, Dios proseguirá, en la mansión celestial, hablando con los ángeles y la humanidad redimida, con un lenguaje clarificador, iluminador, revelador; allí nos dirá lo que aquí no supimos y por la eternidad hablaremos un lenguaje pleno de santidad y perfección.

Dios, al crear al hombre *«a su imagen y semejanza»*, le otorgó el don del lenguaje. El hombre habla porque Dios habla. Verdad indubitable que no admite discusión.

Dios habla al hombre con amor infinito tratando de que sea feliz, entendido, santo y perfecto.

¡DIOS ES AMOR!

Y el hombre debe hablar primero con Dios y luego con sus semejantes o prójimos.

Al hablar con Dios, el hombre debe ser reverente,

afanado de lograr efectivo contacto, procurando y cuidando su redención y viviendo conforme a su Sagrada Palabra.

El hombre, al hablar con sus semejantes, debe cultivar un lenguaje fraterno, totalmente amoroso, lenguaje de paz y que haga realidad la armonía y el respeto mutuos. *¡HABLEMOS ESE LENGUAJE!*

EL LENGUAJE CRISTIANO

El lenguaje cristiano siempre es elevado, veraz, responsable, firme, esperanzado. No puede ser de otra manera. El salvado, por su calidad de nueva criatura, está impregnado de la presencia de Dios. En esta condición, hablamos para la honra y la gloria de Dios y para el beneficio de una humanidad en tinieblas espirituales.

Apreciemos en seguida las áreas o lugares donde el cristiano ejercita su lenguaje.

I. NUESTRO LENGUAJE EN LA FAMILIA

La cohesión familiar, entre los padres y los hijos, se consolida con el empleo de un lenguaje adecuado. El buen lenguaje contribuye al logro de la bendición y felicidad en el seno de la familia.

1. **El lenguaje conyugal.** Los esposos siempre deben hablar con permanente amor y reciprocidad en todo: respeto, cuidado, atenciones, etc. Los hijos que escuchan y observan a sus padres serán los grandes beneficiados.

   Si el esposo es tipo de Cristo y la esposa tipo de la Iglesia, entonces el lenguaje amoroso será hasta el final, hasta la muerte.

2. **El lenguaje frente a los hijos.** Los padres deben hablar en armonía con la edad y tipicidad psico-espiritual de los hijos.

2.1 Hablando con amor, esperanza, estímulo y visión, sin ocasionar traumas y complejos.
2.2 Hablar con claridad, no dando lugar a las dudas y confusiones. Tengamos presente que el Padre Celestial jamás nos confunde.
2.3 Hablando con serenidad, paz y tranquilidad.
2.4 Hablando siempre contentos, con alegría y gozo.
2.5 Hablando conforme a las Escrituras, entonces la familia quedará bien consolidada.
3. **El lenguaje de los hijos.** Los hijos deben hablar:
3.1 Frente a los padres: con amor, respeto y entera confianza.
3.2 Frente a los hermanos: con amor, armonía y manteniendo inquebrantable el vínculo fraterno.

II. NUESTRO LENGUAJE EN LA SOCIEDAD
«Vosotros sois la sal de la tierra y la luz del mundo», nos dijo el Señor Jesús (Mateo 5:13, 14).

Los cristianos, en armonía con tan preciosa declaración, hablamos alumbrando mentes y corazones y dando sentido y sabor preservadores. Desde luego, la luz con vida es el propio Señor.

Nuestra vida cristiana se desarrolla frente a una sociedad sin Cristo. El Salvador ama a esa sociedad, ama a toda la humanidad y nos insta a que le hablemos sin cesar de Él.

En la colectividad, nuestras actividades se alternan en diferentes sitios: fábricas o factorías, oficinas privadas y públicas, centros comerciales, instituciones educativas, etc. Nos expresamos en todos estos lugares y por nuestro lenguaje nos identifican y distinguen.

Ante la sociedad, hablemos:
1. Propendiendo la amistad sincera y efectiva, la so-

lidaridad estable, la comprensión verdadera y la fraternidad que devenga en paz y armonía.

2. Previa meditación y oración, sabiendo que un día estaremos ante el Tribunal Supremo respondiendo por todo lo que dijimos ante nuestros prójimos.

III. NUESTRO LENGUAJE EN LA IGLESIA

Asistimos a la iglesia, la Casa de Dios, para hablar un lenguaje de temor, reverencia y delicadeza. En ella hablamos primero con Dios y luego entre nosotros los redimidos.

1. **Ante Dios:**

1.1 Expresamos nuestra alabanza y adoración con un lenguaje que brota del corazón y del alma. Cuando estemos en la Patria Celestial la alabanza y adoración serán perfectas eternalmente.

1.2 Oramos y clamamos con limpio corazón y gran entendimiento. Orar es hablar con Dios y Él nos escucha y nos responde.

1.3 Por su parte, Dios nos habla de su amor, perdón y misericordias; de su voluntad, justicia y designios; de cómo debemos vivir ante Él, etc., etc.

1.4 Y cuando se derrama el Espíritu Santo en nuestros corazones es cuando mejor escuchamos del maravilloso plan de Dios para nuestras vidas.

2. **Entre la hermandad:**

2.1 El Pastor, ungido con el Espíritu Santo, trae el poderoso mensaje con un lenguaje claro y convincente.

2.2 El Pastor y las ovejas hablan confiadamente, con sinceridad y gozo.

2.3 Entre los miembros se cultiva un lenguaje fraterno, afectuoso, respetuoso, armonioso y que mantiene indestructible la unidad.

LA COMUNICACIÓN

I. GENERALIDADES

1. La humanidad, en sus ya casi seis mil años de existencia, vive afanada en lograr la comunicación más efectiva y perfecta. Y es que el ser humano no quiere quedar aislado ni ignorar lo que acontece en el mundo.

El hombre anhela vivamente saber lo que realmente ha sucedido en el pasado, lejano o cercano, y qué es lo que está aconteciendo ahora. Estableciendo una obligada diferencia, expresamos que el mundo inconverso se afana con sus más connotados expertos o eruditos en investigar a fondo la naturaleza de la comunicación, de propenderla, de cultivarla, de perfeccionarla y utilizando para ello los recursos más sofisticados (la computadora, microfilmes, etc.).

Pero sin vanagloria, con humildad, somos los salvados los que tenemos el mayor cariño por la comunicación, somos los que la utilizamos con toda prudencia, responsabilidad, veracidad y efectividad.

¡Y DIOS ESTÁ EN LA COMUNICACIÓN!

Ciertamente la comunicación está en el Plan de Dios. El primero en comunicarse es Dios. La ininterrumpida y permanente comunicación es nuestro bendecido propósito.

Y, dada la importancia de la comunicación, deben conocerla profundamente todos, y en nuestro caso: los alumnos de Institutos Bíblicos, los ministros evangélicos, los diferentes líderes, los padres de familia y la hermandad en general.

2. **¿Qué es la comunicación?** Se han formulado múltiples conceptos.

La comunicación es la acción de *informar*, comunicar, dar aviso, noticiar. En ella toma parte fundamental e importantísima el lenguaje o idioma, pero también intervienen los gestos, mímicas, sonidos inarticulados, luces, colores, etc.

II. EL LENGUAJE DE LA COMUNICACIÓN
Lo que el hombre expresa tiene dos elementos:
1. **La forma**, integrada por la palabra o el lenguaje.
2. **El fondo**, integrado por los pensamientos.

Para lograr los más altos fines de la comunicación debemos conocer lo mejor posible las cualidades de la palabra y las cualidades de los pensamientos.

1. **Cualidades de la palabra (forma)**
   1.1 *Corrección:* el lenguaje debe ser enteramente gramatical.
   1.2 *Pureza:* deben usarse estrictamente palabras del caudal del castellano.
   1.3 *Naturalidad:* las palabras deben fluir con espontaneidad.
   1.4 *Precisión:* las palabras deben expresar lo que se quiere decir y no otra cosa.
   1.5 *Moralidad:* las palabras no deben herir la decencia.
2. **Cualidades del pensamiento (fondo)**
   2.1 *Verdad:* los pensamientos deben ser ciertos, verídicos.
   2.2 *Claridad:* los pensamientos deben ser diáfanos, claros y capaces de ser entendidos por todos.
   2.3 *Espontaneidad:* los pensamientos deben brotar unos tras otros dando la sensación de la facilidad.
   2.4 *Energía:* los pensamientos deben tener el poder del convencimiento.
   2.5 *Solidez:* los pensamientos deben ser profundos y capaces de hacer reflexionar.

2.6 *Moralidad:* los pensamientos no deben ser viles, jamás deben ofender la dignidad y el pudor.

III. MECÁNICA DE LA COMUNICACIÓN

¿Cómo se efectúa la comunicación? ¿Quiénes intervienen? Respetando todo lo que a este punto han propuesto los expertos, nosotros simplificamos así:

1. **El emisor.** Es la persona que envía el mensaje o la información. Es grande su responsabilidad. De su calidad y capacidad depende la bondad de lo que dice.

El emisor profano, queremos decir inconverso, debe animar, optimar, estimular, educar, culturizar, basarse únicamente en la verdad, lo positivo y lo elevado, de otra manera producirá efectos negativos y dañinos.

Pero el emisor cristiano es diferente porque dice las cosas con cuidado y con la iluminación del Espíritu Santo. ¡Qué bendición!

2. **El mensaje.** Es la cantidad de información enviada por el emisor. Está integrada por las ideas y conceptos sobre determinado aspecto de la realidad.

Toman parte muy importante en la transmisión del mensaje: periódicos, revistas, libros, hilos cablegráficos, teléfono, radio, televisión, cine, etc.; estos medios deben ser motivo de un cuidadoso tratamiento y uso, porque así como hay bondades, hay también maldades.

3. **El receptor.** Es la persona que recibe el mensaje o la comunicación.

El receptor no debe ser un simple blanco del mensaje, no debe ser un simple oyente, espectador o lector, sino entender debidamente para aceptar lo cierto, beneficioso y elevado; y desechar las inexactitudes, fraudes, engaños y todo lo pernicioso.

17

IV. CLASES O MATICES DE LA COMUNICACIÓN

1. **La comunicación familiar.** La familia debe desarrollarse cultivando la comunicación más sólida y visionaria. Los cónyuges, los padres y los hijos, los hermanos, deben estar excelentemente comunicados, de otra manera el silencio debilitará y acabará la familia. No debe haber mudos en la familia.

2. **La comunicación social.** Se cumple en la colectividad o sociedad.
La vida social se desenvuelve en: los centros de trabajo, clubes, la calle, establecimientos comerciales, diversidad de instituciones, etc. La comunicación social debe elevar la condición de la humanidad, de otro modo naciones y grupos humanos jamás se comprenderán y se producirán tristes enfrentamientos.

3. **La comunicación evangelizadora.** «Por tanto, id, y doctrinad a todas las naciones...», nos ha dicho el Señor (Mt. 28:19). Estamos en vísperas del regreso del Rey de reyes y Señor de señores. Intensifiquemos sin descanso la comunicación evangelizadora. Saturemos el mundo con el mensaje de la redención. Que nadie diga que no se le presentó el mensaje del Evangelio.
La más preciosa comunicación es presentar a Jesucristo que perdona, salva y concede vida eterna.

V. LA INFORMÁTICA Y LA DESINFORMACIÓN

1. **La informática.** Es la ciencia del tratamiento automático y racional de la información. La informática está logrando asombrosos objetivos y conquistas. La información que antes se lograba en meses y años, hoy es posible tenerla en horas y minutos.
El procesamiento de los datos para la información

es tarea que preocupa a todas las instituciones, inclusive a los gobiernos del mundo.

Nuestro Concilio Central de Sprinfield no está a la zaga, sino que aplicando la informática está procesando valiosos datos: doctrinario, histórico, misionero, eclesiástico, literario, cultural, educacional, económico, etc.

2. **La desinformación.** Es el negativo recurso de deformar, adulterar, desfigurar, falsear los hechos y dichos.

La desinformación causa inmensos daños: ignorancia, desorientación, dudas, enojos, tristezas. Hace creer la falsedad.

Vivamos en alerta ante la desinformación, pongamos sumo cuidado en lo que escuchamos, vemos y leemos.

NOTA: ¡Atención! ¿Quién es el cabecilla de la desinformación? Es el diablo. Éste es el desinformador malvado y profesional. La practicó en el cielo engañando a una tercera parte de los ángeles. La practicó en el Edén engañando a nuestros primeros padres y continúa hasta ahora con su desinformación mintiendo y engañando. Vencido y sentenciado está este desinformador.

VI. LA COMUNICACIÓN ESPIRITUAL

Es lo más sublime y elevado. Dios se comunica con el hombre y el hombre con Dios. ¡Eso es comunicación!

En la comunicación espiritual, Dios tiene la total preeminencia porque Él es la fuente de la más perfecta comunicación. Dios siempre se ha comunicado, lo ha hecho con los ángeles, con los seres humanos y muy especialmente con los hombres santos. El mundo no tiene atenuantes o excusas. ¡Dios siempre ha hablado...!

Y la palabra más amorosa, bella y poderosa la dijo el que nos comunicó la salvación: el Señor Jesús. A su nombre... ¡Gloria!

EL LENGUAJE

El lenguaje es el conjunto de recursos de que se vale el hombre para expresar o comunicar sus pensamientos y sentimientos. La voz articulada toma parte fundamental, pero intervienen también los gestos y las mímicas. *Su importancia.* Para la comunicación, nada hay tan grandioso como el lenguaje. Los pensamientos, ideales, creencias, convicciones y la variedad de sentimientos que anida el hombre quedarían completamente ignorados, pero gracias al lenguaje la persona los hace conocer.

Además, el lenguaje es el más poderoso medio de vinculación entre los hombres; surge así el gran valor social del lenguaje.

LENGUAJE. IDIOMA O LENGUA. HABLA. DIALECTO

1. **Lenguaje.** En su acepción amplia, el lenguaje comprende el idioma o lengua, el habla y el dialecto.
Es usual considerar: lenguaje, idioma o lengua como vocablos sinónimos, es decir, que tienen el mismo significado, pero conviene establecer una diferenciación y lo hacemos en acápites subsiguientes.
Como medio de expresión, el lenguaje es universal, algo más, comprende también a los animales, pero éstos para comunicarse con sus congéneres sólo recurren a gritos, gestos y movimientos.
2. **Idioma o lengua.** Es el sistema de expresiones con que se entiende un pueblo o comunidad de naciones.

El idioma castellano o español, por ejemplo, es hablado por la nación española, pero también lo hablan el conjunto de naciones hispanoamericanas.

3. **Habla.** Es la manera particular que tiene una persona o grupos de personas para usar las palabras del idioma. Ejemplo:

   a) El habla de Juan Pérez.

   b) El habla de mi tierra, Puerto Rico.

4. **Dialecto.** Es la variante local o regional de un idioma. España tiene sus dialectos.

CLASES DE LENGUAJE

Los tratadistas han propuesto una diversidad de clasificaciones, aquí sólo presentamos las más generalizadas.

1. **En atención a los seres**

   a. *Lenguaje humano.* Es el más hermoso y el más evolucionado. Es patrimonio exclusivo del hombre.

   b. *Lenguaje de los animales.* Se adecúa o amolda al instinto o conducta de cada especie. Los animales emiten gritos especiales y diferentes según sus necesidades y estados de ánimo.

2. **Por la forma como aparece**

   a. *Lenguaje natural.* Está integrado por los gritos instintivos y espontáneos. Es aplicable mayormente a los animales, pero las voces interjectivas del ser humano que expresan su alegría, enfado o dolor corresponden a este caso.

   b. *Lenguaje convencional.* Es fruto del acuerdo de los hombres, por ejemplo: el lenguaje de las flores, de los banderines, las señales con luces, el lenguaje telegráfico (uso del alfabeto Morse), etc.

3. **Por su estructura y evolución**
   a. *Lenguas monosilábicas.* Son las más imperfectas, las primeras en aparecer y en reciente evolución. Sus palabras son meramente raíces de una sílaba. Ejemplo: el idioma chino.
   b. *Lenguas aglutinantes.* Son aquellas que unen o aglutinan las raíces con los afijos (prefijos y sufijos). Ejemplo: el idioma japonés.
   c. *Lenguas flexionales.* Son más evolucionadas. Las palabras pueden variar mediante las desinencias o terminaciones. La conjugación verbal es la más perfecta. Ejemplo: el español, el inglés, el francés, el italiano, etc.
4. **Por el uso**
   a. *Lenguas vivas.* Son todos los idiomas que hablan en la actualidad los pueblos del mundo.
   b. *Lenguas muertas.* Son aquellas que hace tiempo se dejaron de hablar. Ejemplo: el griego, el latín, el arameo, etc.

CIENCIAS QUE ESTUDIAN EL LENGUAJE: LA LINGÜÍSTICA Y LA FILOLOGÍA

1. **Lingüística.** Ciencia del lenguaje, estudio de los fenómenos referentes a la evolución, desarrollo de las lenguas, su distribución en el mundo y las relaciones existentes entre ellas.[*]
2. **Filología.** Ciencia que estudia las obras literarias y las lenguas desde el punto de vista de la erudición, de la crítica de los textos y de la gramática.[*]

(*) Diccionario Pequeño Larousse Ilustrado.

ORIGEN, FORMACIÓN Y EVOLUCIÓN DEL CASTELLANO

En la Edad Antigua, la península Ibérica (España y Portugal) tenía varias lenguas nativas, sobresaliendo el vascuence o éuscaro. Roma conquistó España en el siglo III a.c. e impuso su lengua, el latín vulgar. El latín era un idioma sintético de difícil aprendizaje y los pueblos conquistados lenta y gradualmente adaptaron el latín según sus costumbres, psicología y maneras propias de expresarse.

En la Edad Media, el latín sufrió notables modificaciones en los pueblos conquistados. Se originó así la derivación de nuevas lenguas que se llamaron lenguas romances, románicas o neolatinas, y ellas son: el castellano, el francés, el italiano, el portugués, el gallego, el catalán, el dálmata, etc.

Durante el siglo XII d.c. el castellano ya estaba bien formado (en la región de Castilla) y el *Poema del Mío Cid* es la mejor expresión de ello.

En la segunda mitad del siglo XIII, el rey Alfonso el Sabio oficializó el castellano, y en 1492 don Antonio de Nebrija escribe la primera *Gramática Castellana*.

Al iniciarse la Edad Moderna, durante la Edad de Oro de la Literatura Española, el castellano adquiere una evolución, personalidad y calidad asombrosas.

El castellano cuenta con más del 70% de voces del latín, el porcentaje restante lo integran el aporte de las lenguas antiguas, las modernas y americanas.

Citamos a continuación algunas palabras provenientes de esas lenguas.

1. **El ibérico.** Contribuyó con el sonido «rr» como: cazurro, cerro, pizarra, guijarro, etc. Luego con las terminaciones *az, ez, iz, oz* y *uz* de los patronímicos: Méndez, Pérez, Rodríguez, Muñiz, Muñoz, etc.

2. **El latín.** Ha contribuido con la mayor parte de las

23

voces. Muchas palabras pasaron al castellano sin variación alguna: amor, arte, luna, poeta, rosa, historia, etc.

Otras palabras sufrieron una leve variación: agua de aquam, tierra de terra, mesa de mensa, mano de manus, paz de pax, etc.

Muchas sufrieron grandes alteraciones: águila de vulture, dedo de digitum, oír de audire, oro de aurum, etc.

3. **El griego.** Calificado como el más perfecto idioma de la antigüedad, ha contribuido en diferentes épocas del modo siguiente:

De sus usos y costumbres: gobernar, golpe, calma, escuela, huérfano, púrpura, cuerda, atleta, carácter, etc.

De sus artes y cultura: oda, cítara, música, tragedia, ritmo, pedagogo, apóstol, diácono, etc.

Denominaciones científicas: Gramática, Aritmética, Matemática, Filosofía, Biología, Psicología, etc.

Denominaciones modernas referentes a inventos y descubrimientos: telégrafo, cinematógrafo, televisión, fotografía, etc.

4. **El germano.** Luego de la conquista de España por los visigodos en el siglo v d.C., ha contribuido con palabras de sus usos, costumbres y nombres propios: guerra, heraldo, espía, tregua, danza, orgullo, galardón; Adolfo, Bernardo, Godofredo, Federico, Ramiro, Elvira, etc.

5. **El árabe.** Con la conquista de los árabes, que duró de 711 d.C. a 1492, unos siete siglos, este idioma ha aportado con voces referentes a sus usos, costumbres, agricultura, pesas y medidas, sus adelantos: adalid, adarga, alférez, zaga, alguacil, albañil, alfarero; alhelí, albahaca, azahar; arroba, adarme, fanega, quilate; álgebra, cenit, elixir, alcohol, etc.

CONTRIBUCIÓN
DE LAS LENGUAS MODERNAS

1. **El francés.** Ha contribuido con voces vinculadas a la vida cortesana, modas y refinamientos: paje, jardín, cofre, coqueta, complot, petimetre, hotel, doncella, etiqueta, silueta, reproche, manjar, edecán, etc.
2. **El italiano.** Ha cooperado con voces referentes a sus usos, costumbres, vida militar y artes: alerta, charlatán, capricho, bisoño, bandido, festejar, pedante; centinela, escopeta, parapeto, lanza, fragata; piano, mandolina, batuta, concierto, soneto, madrigal, soprano.
3. **El inglés.** Su preferente contribución se vincula con voces relacionadas al comercio, industrias, deportes y navegación: cheque, lingote, mitin, turista, vagón; fútbol, tenis, club, gol; yate, draga, rada, rumbo, etc.

EL APORTE DE LAS LENGUAS AMERICANAS

Después del descubrimiento de América en 1492, los españoles impusieron su idioma, cultura y religión a los pueblos conquistados desde México, América Central, América del Sur (con excepción del Brasil y las antiguas Guayanas) y gran parte de las islas del Caribe.

Los idiomas de América precolombina también han aportado al castellano con voces de su agricultura, usos y costumbres, denominaciones geográficas, nombres de plantas y animales, etc.

1. **Voces aztecas:** ají, aguacate, cacao, chocolate, tomate, coyote, chicote, papaya, tamal, petate, achiote, etc.
2. **Voces quechuas:** alpaca, vicuña, llama, guanaco, cóndor, cuy, jaguar, choclo, papa, chuño, cancha, pampa, puna, quinua, guano, chúcaro, etc.

3. **Voces del lenguaje caribe (arahuaco)**: cacique, canoa, caníbal, huracán, bohío, batata, tiburón, caoba, carey, etc.

CAPÍTULO II

La Gramática Castellana

La Gramática Castellana es la ciencia y arte del idioma castellano.

Como ciencia es un conjunto sistemático de conocimientos sobre el idioma y las leyes que lo rigen.

Como arte propone un conjunto de reglas para hablar y escribir bien.

Su estudio comprende:

I. La Fonética.
II. La Ortología.
III. La Ortografía.
IV. La Morfología.
V. La Sintaxis.

I. LA FONÉTICA. Estudia los sonidos del idioma, sus representaciones y las articulaciones.

Las representaciones gráficas de los sonidos se llaman letras.

1. **Letras.** Son signos que se emplean para representar los diferentes sonidos.

2. **El abecedario o alfabeto castellano.** Consta de 28 letras y que se clasifican en mayúsculas y minúsculas.

3. **Letras mayúsculas.** Sobresalen por su tamaño y forma. Son:
A-B-C-CH-D-E-F-G-H-I-J-K-L-LL-M-N-Ñ-O-P-Q-R-S-T-U-V-X-Y-Z.

4. **Letras minúsculas.** Son más pequeñas y la mayoría con formas propias. Son:

27

a-b-c-ch-d-e-f-g-h-i-j-k-l-ll-m-n-ñ-o-p-q-r-s-t-u-v-x-y-z.

NOTA: 1. La *rr* (doble r) se usa entre las vocales: ca*rr*o, pe*rr*o.

2. La *w* (v doble) no pertenece al alfabeto castellano, sino a otros idiomas. Ejemplo: David *W*ilkerson es predicador norteamericano. Johann *W*olfgang Goethe es poeta alemán.

Por el sonido y la pronunciación, las letras se clasifican en vocales y consonantes.

1. **Vocales.** Tienen sonido por sí mismas, por sí solas, sin ayuda de otras letras. Se las considera como los «sonidos puros» del idioma.

Las vocales son cinco: a-e-i-o-u.

Se clasifican en vocales fuertes y vocales débiles.

   a. *Vocales fuertes.* Requieren mayor fuerza de pronunciación. Son: a-e-o.

   b. *Vocales débiles.* Se pronuncian con menor esfuerzo. Son: i-u.

2. **Consonantes.** Son las restantes letras y que para su pronunciación requieren la ayuda de las vocales. Son:

   b-c-ch-d-f-g-h-j-k-l-ll-m-n-ñ-p-q-r-s-t-v-x-y-z.

NOTA: La *y* se usa como conjunción en lugar de la *i* o cuando la palabra termina en *i* que no lleve tilde. Ejemplos:

   a. «El cielo y la tierra pasarán, pero mis palabras no pasarán» (Mateo 24:35).

   b. Ley, rey, carey, hay, hoy, voy, etc.

II. LA ORTOLOGÍA. Trata sobre la correcta pronunciación de los sonidos del lenguaje.

Cada idioma tiene su propia sonoridad o línea melódica, el castellano tiene la propia.

III. LA ORTOGRAFÍA. Se ocupa de la correcta escritura de las palabras.

En capítulo aparte, nos ocupamos de las reglas de ortografía.

IV. LA MORFOLOGÍA. Estudia las palabras aisladas o individualmente con el nombre de categorías gramaticales. Tradicionalmente se le llamó Analogía. Su estudio comprende:

1. El artículo.
2. El sustantivo.
3. El adjetivo.
4. El pronombre.
5. El verbo.
6. El adverbio.
7. La preposición.
8. La conjunción.
9. La interjección.

V. LA SINTAXIS. Estudia las palabras agrupadas formando las oraciones gramaticales. Su estudio comprende:

1. La concordancia.
2. La construcción.

MORFOLOGÍA: EL ARTÍCULO

El artículo es la palabra o categoría gramatical variable que determina, anuncia o expresa el género y el número del sustantivo.
Ejemplos:
a. *El* hombre es mortal.
   En esta oración gramatical, el artículo *el* está determinando que el sustantivo *hombre* está en género masculino y en número singular.
b. *Unas* melodías de alabanza se escucharon.
   Aquí el artículo *unas* está anunciando que el sustantivo *melodías* está en género femenino y en número plural.
Clases. El artículo se divide en dos clases: determinantes e indeterminantes.

1. **Artículos determinantes.** Son los que determinan claramente a un sustantivo y que lo consideramos ya conocido.
Son: el, la, los, las.
Ejemplos:
   a. *El* apóstol dijo: «Cristo vive en mí.» (¿Quién? Uno conocido: Pablo).
   b. *Los* salvados verán a Dios. (¿Quiénes? Solamente los que tienen sus nombres escritos en el Libro de la Vida).
2. **Artículos indeterminantes.** Son los que determinan vagamente a los sustantivos.
Son: un, una, unos, unas.
Ejemplos:
   a. *Un* invitado llegó a la iglesia. (No se sabe quién).
   b. Entónanos *unos* coritos. (Cualquiera, de tu preferencia).

El artículo neutro. Es el artículo *lo*. No menciona ni al masculino ni al femenino. Siempre está en singular.
Ejemplos:
   a. *Lo* santo debe reverenciarse.
   b. *Lo* justo complace a todos.

Artículos contractos. Son los que resultan de la unión de una preposición con el artículo *el*.
Son: *al* y *del*.
   1. *Al:* resulta de la unión de la preposición *a* y el artículo *el*. Observe: a + el = *al*.
   Ejemplo:
   Nosotros alentamos siempre *al* joven.
   2. *Del:* resulta de la unión de la preposición *de* y el artículo *el*. Observe: de + el = *del*.
   Ejemplo:
   La victoria depende *del* esfuerzo.

EL ARTÍCULO COMO
SUSTANTIVADOR UNIVERSAL

1. Palabras individuales o categorías gramaticales que se pongan al lado del artículo, se convierten en sustantivos.
Ejemplos:

El *bueno* (adjetivo).	El *bueno* será premiado. (sust.)
El *mío* (adjetivo).	El *mío* costó sacrificio. (sust.)
El *amar* (verbo).	El *amar* nos eleva. (sust.)
El *estudiar* (verbo).	El *estudiar* es valioso. (sust.)
El *ayer* (adverbio).	El *ayer* jamás volverá. (sust.)
El *bien* (adverbio).	El *bien* debe practicarse. (sust.)

2. Una frase antecedida por un artículo se convierte en sustantivo.
Ejemplo:
El *Instituto Bíblico de Newark* cumple sus labores con fe.
(Frase es el conjunto de palabras que no expresan un pensamiento completo.)

3. Una oración gramatical precedida por un artículo se convierte en sustantivo.
Ejemplo:
El *que dirán de las gentes* no nos preocupa.
(La oración gramatical es la expresión de un pensamiento completo.)

NOTA: Se llaman palabras variables o categorías gramaticales variables aquellas que sufren cambios en su estructura. Son: el artículo, sustantivo, adjetivo, pronombre y el verbo; las demás se consideran invariables.

31

EL SUSTANTIVO

Sustantivo es la palabra que sirve para nombrar a los seres, ya sean personas, animales o cosas. Ejemplos:

a. Dios, Adán, Noé, Moisés, David, Elías, Mateo, Juan, Pedro, Pablo, etc.
b. Perro, gato, oveja, vaca, gallina, paloma, león, tigre, víbora, etc.
c. Casa, auto, avión, lapicero, tiza, himnario, libro, radio, mesa, etc.

CLASES DE SUSTANTIVOS

I. POR SU NATURALEZA. Los sustantivos se dividen en concretos y abstractos.

  1. **Sustantivos concretos.** Son los que caen bajo el dominio de los sentidos. Tienen existencia real, tangible o material.
  Ejemplos:

    a. Percibidos por el sentido del tacto: casa, reloj, vestido.
    b. Percibidos por el sentido de la vista: luz, nube, relámpago.
    c. Por el sentido del oído: canto, trueno, estampido, gritería.
    e. Por el sentido del olfato: fragancia, olor, pestilencia, hedor.

  2. **Sustantivos abstractos.** Son enteramente mentales. No son percibidos por los sentidos.
  Ejemplos:
  Justicia, paz, existencia, serenidad, eficacia, gracia, esperanza.

II. POR SU EXTENSIÓN. Son: comunes y propios.

  1. **Sustantivos comunes.** Nombran a uno cualquiera sin distinguirlo dentro de su especie. Todos estos

sustantivos se escriben con minúscula. Ejemplos: Púlpito, banca, ojo, boca, arena, piedra, río, lago, mosca, alcatraz.

2. **Sustantivos propios.** Son los que nombran a un ser único e inconfundible dentro de su especie. Se escriben con mayúscula. Ejemplos:

Personas: Dios, Miguel, Abraham, Salomón, Marcos, Tomás, Alfredo.

Ciudades: Nueva York, Lima, Bogotá, París, Roma, Tokio, Montreal.

Ríos: Nilo, Amazonas, Mississipí, Danubio, Támesis, Tíber, Ganges.

Accidentes geográficos: Andes, Alpes, Pirineos, Cáucaso; Etna, Vesubio, Popocatépelt, Chimborazo, Misti, Fuji Yama, Mauna Loa.

Nombres de animales: Micifuz, Fado, etc.

Nombres de instituciones: Distrito Hispano del Este de las Asambleas de Dios de Nueva York, Universidad Nacional Mayor de San Marcos, Instituto Bíblico Nocturno de Newark, etc.

Títulos de obras: Biblia, La cuarta dimensión, Gramática castellana, Compendio manual de la Biblia, El comercio, etc.

III. POR SU ORIGEN. Se clasifican en: primitivos y derivados.

1. **Sustantivos primitivos.** Son los que no proceden o no se originan de otros sustantivos. Ejemplo: Hombre, mes, mano, cielo, ciudad, ángel, lápiz.

2. **Sustantivos derivados.** Proceden o se derivan de los primitivos. Ejemplo: Humanidad, mensualidad, manubrio, celestial, angelical, lapicero.

Subdivisión de los sustantivos derivados:

a. *Derivados gentilicios.* Indican procedencia de continentes, países, ciudades, regiones, etc.

33

Usan diferentes terminaciones como: ano, eno, ino, ense, ero, es, ita, etc. Ejemplos: Peruano, italiano; chileno, sarraceno; argentino, neoyorquino; costarricense, ateniense; limeño, portorriqueño; brasilero, costanero; francés, genovés; israelita, moscovita.

b. *Derivados patronímicos.* Son apellidos que se han derivado de los nombres de los padres. Usan las terminaciones: az, ez, iz, oz, uz. Ejemplos: Álvarez de Álvaro; Pérez de Pere; Meléndez de Melendo; Rodríguez de Rodrigo; Muñoz de Muño; Muñiz de Muño; Ruiz de Ruy, etc.

c. *Derivados diminutivos.* Expresan disminución de tamaño, proporción o significado. Emplean las terminaciones: ito, illo, ico; cito, cillo, cico; ecito, ecillo, ecico, etc. Ejemplos: Librito, librillo, librico; amorcito, amorcillo, amorcico; pececito, pececillo, pececico, etc.

d. *Derivados aumentativos.* Indican aumento de tamaño, proporción o significado. Usan las terminaciones: oz, azo, ote. Ejemplos: De hombre: hombrón, hombrazo, hombrote. De cabeza: cabezón, cabezazo, cabezote. Algunos aumentativos indican todo lo contrario: Islote (isla pequeña), callejón (entrada pequeña), rabón (rabo pequeño), pericote (ratoncillo), pelón (sin pelo), etc.

e. *Derivados despectivos.* Denotan desprecio, rechazo, burla. Las terminaciones más comunes son: aco, ajo, ejo, astro, orrio, uza, ucho, etc. Ejemplos: Libraco, policíaco, pajarraco, hominicaco; latinajo, tinaja; pellejo, calleja; madrastra, padrastro, hijastro, hermanastra, poetastro, politicastro; villorrio; gentuza, caperuza; calducho, casucha.

IV. OTROS SUSTANTIVOS
  1. **Sustantivos individuales.** Nombran a un individuo, ser o cosa. Ejemplos:
  Árbol, soldado, abeja, cerdo, lobo, perro, pez, golondrina, ave, oveja, fiel, etc.
  2. **Sustantivos colectivos.** Estando en singular nombran a una pluralidad o conjunto de seres. Ejemplos:
  Arboleda (árboles), ejército (soldados), colmena (abejas), manada (cerdos, lobos), jauría (perros), cardumen (peces), bandada (golondrinas, palomas, aves), rebaño (ovejas, fieles), grey (fieles), etc.

ACCIDENTES GRAMATICALES
DEL SUSTANTIVO: GÉNERO Y NÚMERO

I. GÉNERO DEL SUSTANTIVO. Género es el accidente que indica el sexo de personas y animales, y el que se atribuye gramaticalmente a las cosas. Solamente hay dos sexos: macho y hembra, o masculino y femenino. En consecuencia, bastaría considerar dos: el género masculino y el género femenino; empero se proponen tradicionalmente para la gramática otros géneros: el neutro, ambiguo, común a dos, y el epiceno.
  1. **Género masculino.** Nombra a varones y animales machos, y el género que se atribuye a las cosas. Ejemplos:
  Abel, Isaac, Felipe, Luis; perro, gato, león; cedro, pino, trigo, centeno; camino, edificio, vehículo; alimento, sustento, etc.

Son masculinos:

a. Los nombres de varones y ocupaciones propias del varón: José, Isaías, Ezequiel, Lucas, Carlos, Godofredo; misionero, evangelista, maestro, médico, abogado, político, carpintero, albañil.

b. Todos los sustantivos que son antecedidos por el artículo masculino *el.* Ejemplos:
El cielo, el sol, el Amazonas, el Himalaya, el oro, el hierro, el huracán, el norte, el occidente, el púlpito, el himnario, el edificio, el colegio, el periódico, el predicador, el héroe, el gato, el lobo, el tigre, etc.

2. **Género femenino.** Hace referencia a mujeres y animales hembras, y el género femenino que se atribuye a las cosas.

Son femeninos:

a. Los nombres de mujeres y ocupaciones propias de mujer: Eva, Sara, Dorcas, María, Juana; costurera, cocinera, niñera, azafata.

b. Nombres de animales o cosas que son antecedidos por el artículo femenino *la.* Ejemplos:
La gata, la gallina, la mariposa, la mesa, la cocina, la rueda.

c. Muchos sustantivos se convierten en femeninos cuando permiten el cambio de la final *o* por *a.* Ejemplos:
Niño... niña; perro... perra; alumno... alumna; hermano... hermana.

d. Otros sustantivos masculinos al pasar al femenino cambian completamente en su estructura. Ejemplos:
Toro... vaca; chivo... cabra; caballo... yegua; padre... madre; carnero... oveja; yerno... nuera, etc.

3. **Género neutro.** No menciona ni al masculino ni al femenino. Siempre está precedido por el artículo neutro *lo*. Ejemplos:
Lo santo, lo excelso, lo eterno, lo perfecto, lo amable, etc.

4. **Género ambiguo.** Es el que admite cualquiera de los artículos *el* o *la* sin cambiar de género. Ejemplos:
El calor... la calor; el mar... la mar; el radio... la radio.

5. **Género común a dos.** Se refiere a las personas. Son sustantivos de una sola terminación que admiten los dos artículos indicando en cada caso sexos distintos. Ejemplos:
El artista (varón) . . . la artista (mujer).
El pianista (varón). . . la pianista (mujer).
El violinista (varón) . . la violinista (mujer).
El periodista (varón). . la periodista (mujer).
El telegrafista (varón) . la telegrafista (mujer).
El testigo (varón) . . . la testigo (mujer).

6. **Género epiceno.** Se refiere a los animales. Son sustantivos que para indicar el género requieren añadir las palabras *macho* o *hembra*. Ejemplo:
Águila macho... águila hembra; perdiz macho... perdiz hembra; culebra macho... culebra hembra; hormiga macho... hormiga hembra, etc.

II. NÚMERO DEL SUSTANTIVO. El accidente número indica la cantidad de los sustantivos, es decir, si se trata de uno o de varios. Ejemplos:
Hombre, hombres; libro, libros; ciudad, ciudades; revista, revistas; etc.
Este accidente se divide en: número singular y número plural.

1. **Número singular.** Es el que menciona a un solo

ser. Ejemplos: Profeta, ángel, discípulo, iglesia, mensaje, animal, pino, etc.

2. **Número plural.** Menciona a varios seres. Ejemplos:
Profetas, ángeles, discípulos, iglesias, mensajes, animales, etc.

REGLAS MÁS USADAS PARA LA FORMACIÓN DEL PLURAL

a. Se añade la consonante *s* cuando el sustantivo termina en vocal no acentuada. Ejemplos:
Alumno... alumnos; tiza... tizas; calle... calles; cielo... cielos; himno... himnos; palabra... palabras; ojo... ojos, etc.

b. Añadiendo la sílaba *es* cuando el sustantivo termina en consonante o vocal acentuada. Ejemplos:
Club... clubes; pared... paredes; reloj... relojes; metal... metales. Jabalí... jabalíes; alhelí... alhelíes; ají... ajíes; colibrí... colibríes; bajá (título)... bajaes; cebú... cebúes, etc.
Excepciones: papá... papás; mamá... mamás; sofá... sofás; café... cafés.

PLURAL DE LOS SUSTANTIVOS COMPUESTOS

a. La mayoría de los sustantivos compuestos pluralizan sólo el segundo elemento. Ejemplos:
Madreperla... madreperlas; bocamanga... bocamangas; semicírculo... semicírculos, etc.

b. Algunos sustantivos pluralizan sólo el primer elemento: Hijodalgo... hijosdalgo; cualquiera... cualesquiera, etc.

c. Otros sustantivos pluralizan sus dos elementos componentes: gentilhombre... gentileshombres; casaquinta... casasquintas; mediacaña... mediascañas; ricohombre... ricoshombres; etc.

EL ADJETIVO

El adjetivo es la palabra que califica y determina el sustantivo. Ejemplos:
Hombre *santo*, mujer *buena*; *este* libro, *aquellos* profetas; *mi* vestido, *nuestra* iglesia; *cien* personas, *algunos* pasajeros.
Clases de adjetivos: calificativos y determinativos.

I. ADJETIVOS CALIFICATIVOS. Son los que resultan o indican una cualidad del sustantivo. Ejemplos:
Creyente *fiel*. Mujer *consagrada*. Prójimo *bueno*. Pensamiento *claro*. Líder *humilde*. Esperanza *bienaventurada*.
La palabra *viva* y *poderosa* pertenece a Dios.

GRADOS DEL ADJETIVO CALIFICATIVO

Se llaman grados del adjetivo calificativo a las distintas formas como el adjetivo expresa la calificación. Dichos grados son tres: positivo, comparativo y superlativo.

1. **Grado positivo.** Menciona simplemente una cualidad cualquiera del sustantivo. Ejemplos:
Personaje *grande*; camisa *barata*; niño *inteligente*.
Vayamos siempre a nuestros cultos *bendecidos*.

2. **Grado comparativo.** Coloca una cualidad frente a otra (coteja, compara), estableciendo una relación de semejanza o diferencia.
Los comparativos pueden ser: de igualdad, inferioridad o superioridad.
   a. *Comparativo de igualdad.* Indica que las cualidades comparadas son idénticas, semejantes o iguales.
   Utiliza las expresiones: *tan... como* o *tanto como*.
   Ejemplos:

39

Este hermano es *tan* fervoroso *como* él.
Ese calzado vale *tanto como* los demás.
b. *Comparativo de inferioridad.* Resalta la cualidad menor o inferior.
Usa las expresiones: *menos... que.* Ejemplo: El eucalipto es *menos* frondoso *que* el pino.
Aquella herramienta es *menos* útil *que* la otra.
c. *Comparativo de superioridad.* Resalta la cualidad mayor o superior.
Emplea las expresiones: *más... que.* Ejemplos: El amor de Dios es *más* alto *que* los cielos.
Saúl era *más* grande *que* los demás.
3. **Grado superlativo.** Expresa la cualidad en su grado más alto o en *sumo* grado.
La palabra *sumo* indica lo supremo, lo muy elevado, que no hay nada más alto.
Si decimos *Sumo Sacerdote* nos referimos *a un sacerdote mayor que todos los demás.* ¿Quién? ¡Cristo!
Si decimos SUMO BIEN nos referimos a Dios, quien es bueno sobremanera, y después de Él, nadie. ¡Gloria a Dios!
Ejemplos del grado superlativo:
El tabernáculo es santísimo.
El tabernáculo es muy santo.
Clases: Superlativos absolutos y relativos; sintéticos y perifrásticos.
a. *Superlativos absolutos.* Expresan las cualidades como exclusivas del ser que se menciona con prescindencia de las demás.
Los superlativos absolutos se forman con las terminaciones: *ísimo* y *érrimo.* Ejemplos:
Caro... carísimo; brillante... brillantísimo; malo... malísimo; hermoso... hermosísimo; sabio... sapientísimo; bello... bellísimo.
Nuestro Dios es *santísimo.*

Palabras que usan la terminación *érrimo:*
Abundante... ubérrimo; áspero... aspérrimo;
acre... acérrimo; célebre... celebérrimo;
íntegro... integérrimo; libre... libérrimo;
mísero... misérrimo; pobre... paupérrimo;
pulcro... pulquérrimo; salubre... salubérrimo.
Jorge Washington es *celebérrimo* estadista.

b. *Superlativos relativos.* Denotan la cualidad
con cierta relación a los demás seres.
Usan las expresiones: *más... de.* Ejemplos:
Salomón es el *más* sabio *de* los hombres.
El Pacífico es el océano *más* extenso *del*
mundo.

c. *Superlativos sintéticos.* Emplean menos pa-
labras y usan la terminación *ísimo.* Ejemplos:
El salvado es *prudentísimo.*
La nieve es *blanquísima.*

d. *Superlativos perifrásticos.* Emplean más palabras y se forman con el adverbio *muy.* Ejemplos:
El predicador es *muy* convincente.
El evangelista es *muy* elocuente.
Aclaración: Es incorrecto mezclar las formas
del superlativo sintético con las del perifrástico. Ejemplo:
Incorrecto: Nuestros niños son muy felicí-
simos.
Correcto: Nuestros niños son muy felices.
Finalmente, es conveniente mencionar algunos grados irregulares que se forman de distintas raíces que el positivo:

Positivo	Comparativo	Superlativo
Alto	superior	supremo
Bajo	inferior	ínfimo
Bueno	mejor	óptimo

Grande	mayor	máximo
Malo	peor	pésimo
Pequeño	menor	mínimo

II. **ADJETIVOS DETERMINATIVOS.** Son los que determinan la extensión del sustantivo con ideas de lugar, posesión, cantidad o imprecisión. Ejemplos:
Nuestro Señor tiene toda la potestad.
Juan vio *aquella* muchedumbre con ropas blancas.
Clases: demostrativos, posesivos, numerales e indefinidos.

1. **Adjetivos demostrativos.** Determinan al sustantivo con una idea de ubicación, situación o lugar y expresando su cercanía o lejanía.
Son: este, ese, aquel; estos, esos, aquellos; esta, esa, aquella; estas, esas, aquellas. Ejemplos:
Nos agrada *este* corito.
Aquellas flores realzan el altar.
Los adjetivos demostrativos no llevan tilde.

2. **Adjetivos posesivos.** Determinan al sustantivo con una idea de pertenencia o posesión. Son:

   a. *Para un solo poseedor:* mío, mía; tuyo, tuya; suyo, suya; míos, mías; tuyos, tuyas; suyos, suyas.
   Y los apócopes:[*] mi, tu, su, y plurales. Ejemplos:
   El libro *tuyo* es original.
   Tu libro es original.

   b. *Para varios poseedores:* nuestro, nuestra; vuestro, vuestra; suyo, suya; nuestros, nuestras; vuestros, vuestras; suyos, suyas. Ejemplos:

(*) Se llama apócope al fenómeno gramatical por el cual una palabra que está después de otra al pasar delante de ella pierde un elemento final. Ejemplos:
Vida mía → Mi vida; Hombre santo → San Mateo; Capítulo primero → Primer capítulo.

Nuestro Señor es invencible.

Vuestros sufrimientos se acabarán.

3. **Adjetivos numerales.** Determinan al sustantivo con una idea de cantidad. Ejemplo: Gedeón venció a los amalecitas con *trescientos* hombres.

El capítulo *primero* del Génesis trata sobre la creación.

División: cardinales, ordinales, partitivos y múltiplos.

  a. *Adjetivos cardinales.* Indican números, sirven para contar.

Son: uno, dos, tres, cuatro, cinco..., diez..., veinte..., cuarenta..., noventa..., ciento..., quinientos..., mil, etc.

Los cardinales *uno* y *ciento* se apocopan en: *un* y *cien.*

Los israelitas rodearon a Jericó *siete* días.

Tú traes *un* libro pero tu compañero trae *tres.*

  b. *Adjetivos ordinales.* Expresan orden o sucesión.

Son: primero, segundo, tercero, cuarto, quinto, sexto, séptimo o sétimo, octavo, noveno, décimo, undécimo, duodécimo, decimotercero..., decimosexto..., vigésimo, trigésimo, cuadragésimo, quincuagésimo, sexagésimo, septuagésimo, octogésimo, nonagésimo, centésimo, ducentésimo, tricentésimo, cuadringentésimo, quingentésimo, sexcentésimo, septingentésimo, octingentésimo, noningentésimo, milésimo... millonésimo; postrero. Ejemplos:

El capítulo *tercero* del Génesis es significativo.

El *postrer* día será el Juicio Final.

Los ordinales: primero, tercero, postrero, se apocopan en: primer, tercer y postrer.

43

c. *Adjetivos partitivos.* Expresan las partes en que puede dividirse un todo, una cosa, la unidad.

Son: medio(a), mitad; tercio(a), cuarto(a), quinto(a), octavo(a), noveno(a), décimo(a); a partir de once en adelante se añade la terminación *ava* a los cardinales:
onz*ava* parte, doz*ava* parte..., ventioch*ava* parte..., cuarenticinco*ava* parte..., noventainueve*ava* parte.
Ejemplos:
El viajero comió la *mitad* de la ración.
El heredero recibió la *quinta* parte de la hacienda.

d. *Adjetivos múltiplos.* Indican el número de veces que una cantidad comprende a otra.
Son: doble o duplo; triple, cuádruple, quíntuple, séxtuple, séptuplo, óctuplo, nónuplo, décuplo... céntuplo, múltiplo. Ejemplos:
Y dijo Eliseo a Elías: «Te ruego que una *doble* porción de tu espíritu sea sobre mí» (2 Reyes 2:9).
El gimnasta logró *quíntuple* hazaña.

4. **Adjetivos indefinidos.** Señalan al sustantivo de una manera vaga, imprecisa, indefinida.
Son: alguno(a), algún; ninguno(a), ningún; cualquiera, cualquier; mucho(a), muchos; poco(a), pocos; bastante, todo, varios, etc.
Apócopes: *algún* de alguno; *ningún* de ninguno; *cualquier* de cualquiera. Ejemplos:
Cuando venga el Señor *todo* ojo lo verá.
Ningún mensajero presenta en vano la Palabra.

ACCIDENTES DEL ADJETIVO

Por regla general, el adjetivo está siempre en el mismo género y número del sustantivo al cual acompaña. *Accidentes:* género y número.

1. **Género del adjetivo.** El adjetivo está en el mismo género del sustantivo. Ejemplos:
La casa *hermosa* siempre atrae.
El alumno *bueno* es admirado por todos.
   a. Muchos adjetivos forman el femenino cambiando la terminación *o* en *a.* Ejemplos:
Niño buen*o*... niña buen*a.*
El joven estudios*o*... la joven estudios*a.*
   b. Adjetivos terminados en la consonante *n* hacen el femenino añadiendo la vocal *a.* Ejemplos:
Charlatán... charlatan*a;* bocón... bocon*a;* haragán... haragan*a.*
   c. Hay muchos adjetivos que son inalterables, en consecuencia se usan tanto para el masculino o femenino.
Mencionamos algunos: dulce, idiota, breve, común, etc.; luego: mayor, menor; mejor, peor; inferior, superior; etc. Ejemplos:
El mango *dulce* agrada. La naranja *dulce* satisface.
Convence la *mejor* decisión. Preferimos el objeto *mejor.*
2. **El número de los adjetivos.** Igualmente, el adjetivo siempre está en el mismo número del sustantivo al cual acompaña. Ejemplos:
La bendición *celestial* debe buscarse. (Singular).
Las bendiciones *celestiales* debemos ciudarlas. (Plural).
Para la formación del plural, casi todos los adjetivos siguen la misma regla de los sustantivos.

EL PRONOMBRE

El pronombre es la palabra que indica a las personas gramaticales, es decir, las que intervienen en la conversación o diálogo. Ejemplo:
Tú amas la Palabra y lees constantemente la Biblia.
Un día a la semana, *ellos* ayunan.

Los pronombres también pueden designar animales y cosas, pero siempre en relación con las personas. Ejemplo:
El visitante observó el libro y *lo* compró. (*Lo* se refiere al libro.)
El perro que mordió al transeúnte fue ése. (*Ése* se refiere al sustantivo perro.)

Clases: personales, posesivos, demostrativos, indefinidos, relativos, interrogativos y exclamativos.

1. **Pronombres personales.** Son los que designan a las personas que intervienen en la conversación, diálogo o discurso. Son tres:
   Primera persona, la que habla: *yo* (punto central de la conversación).
   Segunda persona, con quien se habla: *tú* (la que escucha).
   Tercera persona, de quien se habla: *él* (persona o cosa de quienes se habla).
   Enumeración de los pronombres personales:
   Primera persona: yo, me, mí, conmigo; nosotros, nosotras, nos.
   Segunda persona: tú, te, ti, contigo; vosotros, vosotras, vos. Y las formas Ud. y Uds. (usted y ustedes).
   Tercera persona: él, ella, ello (neutro), la, le, lo, se, sí, consigo; ellos, ellas, las, les, los.
   Ejemplo:
   ¡Jesús! Rey y Señor eres *tú, nosotros te* exaltamos.
   Hermano, *Ud.* es esforzado y *Uds.* hermanas también.

El pronombre personal se llama *proclítico* cuando va antes del verbo y *enclítico* cuando va después. Ejemplo:
Me lo imaginaba y veo que es así.
Lleva este regalo y entréga*lo*.

2. **Pronombres posesivos.** Son los que indican posesión o pertenencia en relación a las personas gramaticales.
Son *para un poseedor:* Mío, mía, míos, mías. Tuyo, tuya, tuyos, tuyas. Suyo, suya, suyos, suyas.
Para varios poseedores: Nuestro, nuestra; nuestros, nuestras. Vuestro, vuestra; vuestros, vuestras. Suyo, suya; suyos, suyas.
Ejemplo:
Tu país está cerca, el *mío* está lejos.
Mi violín es japonés, el *tuyo* es alemán.
Nuestra es la bendición celestial.

3. **Pronombres demostrativos.** Son los que indican la cercanía o lejanía de los seres con relación a las personas gramaticales. Son:
Primera persona: éste, ésta; éstos, éstas.
Segunda persona: ése, ésa; ésos, ésas.
Tercera persona: aquél, aquélla; aquéllos, aquéllas.
Y para el neutro: esto, eso, aquello.
Ejemplo:
Fueron *ésos* los que derrotaron al enemigo.
Éstos que oran siempre triunfan.
Aquéllos dan testimonio de su sanidad.
Los pronombres demostrativos llevan tilde y van al lado del verbo.

4. **Pronombres indefinidos.** Son los que indican a las personas o cosas de una manera vaga, imprecisa o indefinida.
Son: alguien, cualquiera, quienquiera, algo, nada, nadie, ninguno, mucho... muchos; poco... pocos; todo... todos; otro... otros, etc.

Ejemplo:
Alguien reflexiona profundamente.
Muchos son los llamados pero *pocos* los escogidos.
5. **Pronombres relativos.** Son aquellos que mencionan a un sustantivo anteriormente citado y al que se llama *antecedente*.
Son: que, quien, cual y cuyo.
Que: es invariable en género y número, y admite antecedentes de personas o cosas. Ejemplo:
Los trabajadores *que* son técnicos ganan bien.
La tierra *que* habitamos es grande.
Quien: es invariable en género, varía en el número y se convierte en *quienes*. Se usa sólo para antecedentes de persona. Ejemplo:
Quien estudia triunfa.
Los turistas *quienes* llegaron tarde se quedaron.
Cual: para indicar el género usa los artículos *el* o *la*; varía para el plural y se convierte en *cuales*. Admite antecedentes de personas o cosas. Ejemplo:
Los líderes de *los cuales* hablamos son ellos.
La flor por *la cual* ella se desespera es el lirio.
Cuyo: menciona al *consecuente* y varía en género y número: cuyo, cuya; cuyos, cuyas. Ejemplo:
Ése es el hombre *cuya* mirada es apacible.
El pajarillo *cuyo* nido está alto jamás regresó.
6. **Pronombres interrogativos.** Son los mismos pronombres relativos que se usan en las interrogaciones y llevan tilde.
Son: ¿Qué? ¿Quién? ¿Cuál? ¿Cúyo? Ejemplo:
¿Qué es la vida?
¿Quién reveló al Padre?
¿Cuál es la verdadera ofrenda?
¿Cúyo es este himnario? (¿De quién?)
7. **Pronombres exclamativos.** Son los pronombres relativos usados en las exclamaciones o admiraciones.

Son: ¡Qué! ¡Quién! ¡Cuál! ¡Cúyo! Ejemplo:
¡*Qué* sublime es Dios!
¡*Quién* llegará victorioso!
¡*Cuál* será la coronada!
¡*Cúya* es la esperanza!

ACCIDENTES DEL PRONOMBRE

Los accidentes del pronombre son: género, número y persona.

1. **Género.** Muchos pronombres son invariables para el género: yo, me, mí, te, ti, etc., se usan tanto para el masculino como para el femenino; otros admiten cambios: él, ella; nosotros, nosotras; tuyo, tuya; ése, ésa, etc.

2. **Número.** El pronombre puede estar en singular o plural. Algunos pronombres forman el plural de manera peculiar: yo... nosotros; tú... vosotros; pero la mayoría sigue la regla general de la formación del plural: mío... míos; tuyo... tuyos; lo... los; mucho... muchos; otro... otros; etc.

3. **Persona.** Este accidente pone de manifiesto a las personas que intervienen en el discurso: primera, segunda y tercera personas. Ejemplo:
Te invito a la Convención Anual. (*Te* es pronombre de segunda persona.)
Caminaron toda la noche y *se* cansaron. (*Se* es pronombre de tercera persona.)

EL VERBO

El verbo es la palabra que indica acción, fenómeno o movimiento. Expresa también: existencia, estado, tiempo y persona. Ejemplo:

49

Dios *ama* desde la eternidad y por la eternidad.
La Iglesia Universal *camina* segura hacia Dios.

Clases.

I. POR SU FUNCIÓN.
Se clasifican en: copulativos, sustantivos o atributivos y adjetivos o predicativos.
1. **Verbos copulativos, sustantivos o atributivos.** Son los que carecen de una clara significación propia y sirven para unir el sujeto con su correspondiente atributo.
Son SER y ESTAR. Ejemplo:
El hombre *es* mortal. Nosotros *somos* amparados.
La comida *está* sabrosa. Los manjares *están* dulces.
2. **Verbos adjetivos o predicativos.** Son todos los demás verbos. Tienen una significación clara y propia, pueden llevar o no los complementos.
Son: amar, pensar, viajar, llorar, predicar, abrir, ir, venir, etc.
El profesor *enseña*. El profesor *enseña Teología*.
(complemento)
La congregación *alaba*.
La congregación *alaba a Dios*.
(complemento)

II. POR SU NATURALEZA.
Se clasifican en: transitivos, intransitivos, reflexivos y recíprocos.
1. **Verbos transitivos.** Son aquellos cuya acción recae directamente sobre una persona o cosa (complemento directo).
Son: amar, adorar, confiar, temer, escoger, ver, pedir, sentir, etc. Ejemplo:
Bartimeo *clamó* al Señor.
Ángeles, arcángeles y querubines *glorifican* a Dios.

2. **Verbos intransitivos.** Son aquellos cuya acción no pasa a otra persona o cosa, la acción queda en el propio sujeto que la realiza. (Carecen de complemento directo.)
Son: correr, crecer, ir, nacer, morir, pernoctar, quedar, etc. Ejemplo:
El Mesías *nació* en Belén.
El peregrino *pernoctó* en el campo.
La cizaña *crece* con el trigo.
3. **Verbos reflexivos.** Son aquellos cuya acción recae sobre el mismo sujeto que la realiza. En el infinitivo llevan el pronombre reflexivo *se.* Son: arrepentirse, condolerse, resignarse, arrodillarse, peinarse, lavarse, vestirse, cortarse, etc. Ejemplo:
El pecador *se arrepiente* de sus pecados.
El carnicero *se cortó* el dedo.
Muchos *se resignan* de su condición.
4. **Verbos recíprocos.** Son aquellos cuya acción se intercambia entre dos o más sujetos y para aclarar la significación pueden llevar las palabras: *mutuamente* o *recíprocamente.* Ejemplo:
El padre y el hijo se ayudan.
Juan y Elisa se aman mutuamente.
Los ganadores se congratularon recíprocamente.

III. POR EL SUJETO.
Se clasifican en: personales, terciopersonales e impersonales.
1. **Verbos personales.** Son los que admiten sujetos de primera, segunda y tercera personas.
Son: amar, orar, oír, tener, conducir, retener, cultivar, ser, etc. Ejemplo:
Yo *amo* a Dios. Tú *amas* a Dios. Él *ama* a Dios.
Nosotros *oímos* a Dios. Vosotros *oís* a Dios. Ellos *oyen* a Dios.
2. **Verbos terciopersonales o unipersonales.** Son los que admiten sujetos de tercera persona.

51

a. Son verbos que se atribuyen a los animales: cacarear, ladrar, maullar, relinchar, rugir, trinar, mugir, croar, etc. Ejemplo: *Ladra* con insistencia. (El perro, en tercera persona.) *Trinan* muy lindo. (Los pajarillos, en tercera persona.)

b. Los verbos que se atribuyen a la naturaleza se usan en singular. Ejemplo: Ya *amanece*. (El día.) *Relampaguea* seguido. (La naturaleza.)

3. **Verbos impersonales.** Son los que carecen de sujeto y solamente se usan en singular. Son formas de algunos verbos.

a. El verbo *haber* deriva tres formas impersonales: *hubo, hay* y *habrá.* Ejemplo: *Hubo* conciertos inolvidables. *Hay* cultos de sanidad. *Habrá* talleres de Escuela Dominical.

b. El verbo *hacer,* cuando indica ejecución, elaboración o fabricación, admite el plural, pero cuando indica transcurso de tiempo sólo se usa en singular. Ejemplo: *Hace* días que viajó al campo misionero. *Hace* semanas de esa reunión magistral. *Hace* años de su victoriosa partida al cielo.

c. Son también impersonales las formas verbales: *se dice, se comenta, se cuenta,* etc. Ejemplo: *Se comentan* muchos hechos halagüeños. *Se dicen* barbaridades increíbles.

IV. POR LA RAÍZ.

Se clasifican en: regulares e irregulares.

1. **Verbos regulares.** Son los que no cambian de raíz durante la conjugación.

Son: amar, adorar, alabar, hablar, cantar, comer,

correr, aprender, beber, dirigir, partir, temer, vivir, etc., etc. Ejemplo:

Amarás a Dios de todo tu corazón.

Cantad, habitantes de toda la tierra.

ACLARACIÓN SOBRE LA *RAÍZ O RADICAL* Y LA *DESINENCIA.*

Raíz o radical es la letra o grupo de letras que permanecen invariables en una familia de palabras. La *desinencia* es la letra o conjunto de letras que se añaden a la raíz al conjugar los verbos. La raíz de los verbos se obtiene, en una mayoría de casos, separando del infinitivo las terminaciones: ar, er, ir.

Ejemplo:

Llamar... *llam*(ar); cantar... *cant*(ar); beber... *beb*(er).

En el verbo amar, la raíz es *am,* que se mantiene igual en todos los tiempos, modos y personas.

Ejemplo:

Yo *amo.* Yo *amé.* Yo *amaría.*

Tú *amas.* Tú *amaste.* Tú *amarías.*

Él *ama.* Él *amó.* Él *amaría.*

V. POR EL USO.

Se clasifican en: auxiliares, completos y defectivos.

1. **Verbos auxiliares.** Son los que sirven para la formación de los tiempos compuestos.

Los más comunes son: *haber, ser* y *estar.* Ejemplo:

Tú piensas. (Tiempo simple.)

Tú *has pensado.* (Tiempo compuesto.)

Él ora. (Tiempo simple.)

Él *ha orado.* (Tiempo compuesto.)

2. **Verbos completos.** Son aquellos que se conjugan en todos los modos, tiempos y personas.

Son: amar, leer, testificar, socorrer, perdonar, alertar, etc.

3. Verbos defectivos. Son aquellos que carecen de algunos tiempos y personas, no pueden conjugarse en forma completa.

Son: abolir, soler, balbucir, concernir, atañer, etc. De abolir: abolimos, abolió, abolirán, abolieron, abolirá, etc. Pero no se puede decir: yo abolo, o tú aboles, o él abole.

VI. POR SUS INFLEXIONES O TERMINACIONES.
1. De primera conjugación: Los terminados en *ar:* amar, sembrar.
2. De segunda conjugación: Los terminados en *er:* ver, comprender.
3. De tercera conjugación: Los terminados en *ir:* vivir, decidir.

LA CONJUGACIÓN

La conjugación consiste en el paso ordenado de un verbo por todos sus accidentes.

En consecuencia, *conjugar* es hacer pasar un verbo por todos sus modos, tiempos, números y personas.

La conjugación requiere un cuidado esmerado y un ejercicio constante.

El buen uso completo de los verbos se logra con el dominio de una buena conjugación.

ACCIDENTES DEL VERBO

Los accidentes del verbo son: *voz, modo, tiempo, número* y *persona.*

I. ACCIDENTE VOZ.
Indica si el sujeto ejecuta o recibe la acción del verbo.
Clases: voz activa y voz pasiva.

1. **Voz activa.** Cuando el sujeto ejecuta la acción del verbo. Ejemplo:
   Dios *perdona* al pecador.
   La madre *ama* a su hijo.
2. **Voz pasiva.** Cuando el sujeto recibe la acción del verbo. Ejemplo:
   El pecador *es perdonado* por Dios.
   El hijo *es amado* por su madre.
   La voz pasiva se forma con el verbo ser y el participio pasivo del verbo correspondiente.

II. ACCIDENTE MODO.
   El accidente modo indica las diferentes formas como el verbo expresa su significado.
   Son cinco: el indicativo, el potencial o condicional, el subjuntivo, el imperativo y el infinitivo.
   1. **Modo indicativo.** Expresa el significado del verbo como real, claro, preciso, efectivo. Ejemplo:
      Nosotros *amamos* al Creador.
      Él *trabaja* honradamente.
   2. **Modo potencial o condicional.** Indica la acción del verbo como posible de realizarse.
      Usa la terminación *ía:* amar*ía*, alabar*ía*, comprar*ía*, regalar*ía*, jugar*ía*, reir*ía*, mirar*ía*, oir*ía*, callar*ía*, etc.
      Ejemplo:
      Ella *iría* a Jerusalén si tuviera dinero.
      Él *obtendría* buenas notas si estudiase.
   3. **Modo subjuntivo.** Indica la acción del verbo como dependiente o subordinada a la acción de otro verbo que expresa deseo, duda, temor. Ejemplo:
      Deseamos que *se salve* ese descarriado.
      Dudan que *compres* ese edificio.
      Temen que se *vaya* el joven.
   4. **Modo imperativo.** Expresa la acción del verbo como mandato, orden, consejo, petición. Ejemplo:
      Adorad a Dios, cielos y tierra.

Alzad las manos caídas.
Escuchad el consejo de los sabios.
5. **Modo infinitivo.** Es el nombre del verbo. El infinitivo expresa la acción del verbo en abstracto sin referencia a persona, tiempo o modo. El infinitivo puede desempeñarse como sustantivo.
Los infinitivos terminan en *ar, er* e *ir*: amar, ver, sembrar, adornar, traer, llegar, tener, concebir, teñir, traducir, etc. Ejemplo:
El *caminar* es saludable.
Ellos quieren *triunfar* y *sobresalir*.
Querer es *poder*.

EL PARTICIPIO

El participio es la forma del verbo que expresa acciones pasadas y concluidas. Puede desempeñarse como adjetivo.
Clases: activos y pasivos.
1. **Participios activos.** Indican las acciones en ejecución. Usan las terminaciones *ante* para los verbos terminados en ar; *ente* e *iente* para los que terminan en ar e ir.
Ejemplo:
Amar... amante; cantar... cantante; absorber... absorbente; dirigir... dirigente; dormir... durmiente; salir... saliente.
El mensaje *impresionante* convenció.
La sociedad tiene *dirigente*.
2. **Participios pasivos.** Indican acciones pasadas y acabadas. Se clasifican en: regulares e irregulares.
   a. *Participios pasivos regulares.* Son los que terminan en: *ado* e *ido*. Ejemplo:
   Llamar... llam*ado*; tener... ten*ido*; vivir... viv*ido*, etc.

Hemos *clamado* al Todopoderoso y nos bendijo.

Los jóvenes han *ido* a la conferencia.

b. Participios pasivos irregulares. Son los que terminan en *to, so, cho*. Ejemplo: Morir... muer*to*; imprimir... impre*so*; decir... di*cho*, etc.

El hombre *muerto* jamás volverá.

El libro *impreso* es de escatología.

Ellas han *dicho* pensamientos bellos.

Hay un grupo de verbos con dos participios: los regulares y los irregulares; en este caso los participios regulares sirven para formar los tiempos compuestos y los irregulares se desempeñan como adjetivos. Ejemplo:

Confesar: *confesado* y *confeso*.

Él *ha confesado* sus culpas. (Tiempo compuesto.)

El reo *confeso* fue sentenciado. (Adjetivo.)

En páginas siguientes se ofrece una lista de verbos con dos participios.

EL GERUNDIO

El gerundio es la forma del verbo que indica las acciones dando la sensación de no acabarse. El gerundio puede desempeñarse como adverbio.

El gerundio usa las terminaciones *ando* para los verbos terminados en ar e *iendo* para los que terminan en er e ir. Ejemplo:

Amar... amando; adorar... adorando; clamar... clamando.

Correr... corriendo; torcer... torciendo; volver... volviendo.

Vivir... viviendo; corregir... corrigiendo; ir... yendo.

El misionero está *fundando* nuevas obras.

Salió *corriendo* de su casa.

Se llama acción durativa del gerundio cuando la acción del verbo parece no terminarse, que continúa y continúa. Además, el gerundio lleva en sí una idea del presente.

¿Qué expresamos al decir lo que sigue?

¡En el cielo viviremos *adorando* y *alabando* a Dios! Adorando y alabando, ¿por cuánto tiempo? ¿Por un año? ¡No! ¿Por un siglo? ¡Tampoco!... ¡Por la eternidad!... ¡Un presente sin fin!... ¡Aleluya!...

III. ACCIDENTE TIEMPO.

El tiempo indica el momento en que se realiza la acción del verbo.

Los tiempos fundamentales o absolutos son tres:

El pasado o pretérito, que indica acciones pasadas o realizadas: regresé, viajé, leí, regalé, hallé, levanté, etc.

El presente, que indica acciones en plena realización: leo, trabajo, pregunto, averiguo, observo, animo, insto, etc.

El futuro indica que las acciones se realizarán: veré, iré, seré.

Para los fines de la conjugación, los tiempos se adecúan a diferentes matices y se dividen en:

1. **Tiempos simples.** Formados por una sola palabra: Amo, alabo, saludo, recibo, dudo, espero, ayuno, pongo, etc.

   Integran los tiempos simples: el presente, el pretérito indefinido, el pretérito imperfecto y el futuro imperfecto. Ejemplo:

   Pongo mi ofrenda de amor.

   Retiene lo que no es suyo.

2. **Tiempos compuestos.** Formados por dos o más palabras, usan el auxiliar haber y el participio del verbo que se conjuga.

   Conforman los tiempos compuestos: el pretérito anterior y el futuro perfecto. Ejemplo:

He amado. Hemos creído. (Dos palabras.)
Ha sido llamado. Han sido escogidos. (Tres palabras.)
Los fieles en Cristo *han sido coronados*.
Entonces, *habrá sonado* la final trompeta.
3. **Tiempos perfectos.** Indican la acción como acabada, perfectamente terminada. Ejemplo:
He clamado. Has adorado. Han obedecido.
Tu oración *ha llegado* al trono de la gracia.
Dios nos *ha creado* con perfecta sabiduría.
4. **Tiempos imperfectos.** Indican la acción como no acabada. Ejemplo:
Meditaba, escuchaba, veía, vendía, sonreía, etc.
Escuchaba el himno cuando llegaste.
En ese tiempo, Juan *vivía* en Puerto Rico.
5. **Tiempos indefinidos.** No indican claramente cuándo se realizó la acción del verbo, si recién o hace mucho tiempo. Ejemplo:
El excursionista *comió* carne de venado.
Los ángeles *visitaron* la tierra.

IV. ACCIDENTE NÚMERO.
El accidente número expresa cuántas personas intervienen en la realización del acto verbal.
El verbo está en singular cuando la acción es ejecutada por un solo sujeto o persona:
Yo *pienso*. Tú *confías*. Ella *evangeliza*.
El verbo está en plural cuando varios sujetos o personas ejecutan la acción del verbo:
Nosotros *escudriñamos*. Ellos *ganaron*.

V. ACCIDENTE PERSONA.
El accidente persona expresa cuál de las tres personas ejecuta la acción verbal.
Amo (primera persona).
Cantáis (segunda persona).
Llegó (tercera persona).

PARADIGMAS O MODELOS DE LA CONJUGACIÓN

Verbos auxiliares: *haber* y *ser*.

HABER

MODO INDICATIVO

(Tiempos simples)	(Tiempos compuestos)
PRESENTE	**PRETÉRITO PERFECTO**
Yo he	Yo he habido
Tú has	Tú has habido
Él ha	Él ha habido
Nosotros hemos	Nosotros hemos habido
Vosotros habéis	Vosotros habéis habido
Ellos han	Ellos han habido
PRETÉRITO IMPERFECTO	**PRETÉRITO PLUSCUAMPERFECTO**
Yo había	Yo había habido
Tú habías	Tú habías habido
Él había	Él había habido
Nosotros habíamos	Nosotros habíamos habido
Vosotros habíais	Vosotros habíais habido
Ellos habían	Ellos habían habido
PRETÉRITO INDEFINIDO	**PRETÉRITO ANTERIOR**
Yo hube	Yo hube habido
Tú hubiste	Tú hubiste habido
Él hubo	Él hubo habido
Nosotros hubimos	Nosotros hubimos habido
Vosotros hubisteis	Vosotros hubisteis habido
Ellos hubieron	Ellos hubieron habido

FUTURO IMPERFECTO	FUTURO PERFECTO
Yo habré	Yo habré habido
Tú habrás	Tú habrás habido
Él habrá	Él habrá habido
Nosotros habremos	Nosotros habremos habido
Vosotros habréis	Vosotros habréis habido
Ellos habrán	Ellos habrán habido

MODO SUBJUNTIVO

PRESENTE	PRETÉRITO PERFECTO
Yo haya	Yo haya habido
Tú hayas	Tú hayas habido
Él haya	Él haya habido
Nosotros hayamos	Nosotros hayamos habido
Vosotros hayáis	Vosotros hayáis habido
Ellos hayan	Ellos hayan habido

PRETÉRITO IMPERFECTO

Yo hubiera o hubiese
Tú hubieras o hubieses
Él hubiera o hubiese
Nosotros hubiéramos o hubiésemos
Vosotros hubierais o hubieseis
Ellos hubieran o hubiesen

PRETÉRITO PLUSCUAMPERFECTO

Yo hubiera o hubiese habido
Tú hubieras o hubieses habido
Él hubiera o hubiese habido
Nosotros hubiéramos o hubiésemos habido
Vosotros hubierais o hubieseis habido
Ellos hubieran o hubiesen habido

FUTURO IMPERFECTO

Yo hubiere
Tú hubieres
Él hubiere
Nosotros hubiéremos
Vosotros hubiereis
Ellos hubieren

FUTURO PERFECTO

Yo hubiere habido
Tú hubieres habido
Él hubiere habido
Nosotros hubiéremos habido
Vosotros hubiereis habido
Ellos hubieren habido

MODO POTENCIAL

SIMPLE

Yo habría
Tú habrías
Él habría
Nosotros habríamos
Vosotros habríais
Ellos habrían

COMPUESTO

Yo habría habido
Tú habrías habido
Él habría habido
Nosotros habríamos habido
Vosotros habríais habido
Ellos habrían habido

MODO IMPERATIVO

PRESENTE

He tú
Haya él
Hayamos nosotros
Habed vosotros
Hayan ellos

MODO INFINITIVO

FORMAS SIMPLES

Infinitivo: haber
Gerundio: habiendo
Participio: habido

FORMAS COMPUESTAS

Infinitivo: haber habido
Gerundio: habiendo habido

SER

MODO INDICATIVO

PRESENTE	PRETÉRITO PERFECTO
Yo soy	Yo he sido
Tú eres	Tú has sido
Él es	Él ha sido
Nosotros somos	Nosotros hemos sido
Vosotros sois	Vosotros habéis sido
Ellos son	Ellos han sido

PRETÉRITO IMPERFECTO	PRETÉRITO PLUSCUAMPERFECTO
Yo era	Yo había sido
Tú eras	Tú habías sido
Él era	Él había sido
Nosotros éramos	Nosotros habíamos sido
Vosotros erais	Vosotros habíais sido
Ellos eran	Ellos habían sido

PRETÉRITO INDEFINIDO	PRETÉRITO ANTERIOR
Yo fui	Yo hube sido
Tú fuiste	Tú hubiste sido
Él fue	Él hubo sido
Nosotros fuimos	Nosotros hubimos sido
Vosotros fuisteis	Vosotros hubisteis sido
Ellos fueron	Ellos hubieron sido

FUTURO IMPERFECTO	FUTURO PERFECTO
Yo seré	Yo habré sido
Tú serás	Tú habrás sido
Él será	Él habrá sido
Nosotros seremos	Nosotros habremos sido
Vosotros seréis	Vosotros habréis sido
Ellos serán	Ellos habrán sido

63

MODO SUBJUNTIVO

PRESENTE

Yo sea
Tú seas
Él sea
Nosotros seamos
Vosotros seáis
Ellos sean

PRETÉRITO PERFECTO

Yo haya sido
Tú hayas sido
Él haya sido
Nosotros hayamos sido
Vosotros hayáis sido
Ellos hayan sido

PRETÉRITO IMPERFECTO

Yo fuera o fuese
Tú fueras o fueses
Él fuera o fuese
Nosotros fuéramos o fuésemos
Vosotros fuerais o fueseis
Ellos fueran o fuesen

PRETÉRITO PLUSCUAMPERFECTO

Yo hubiera o hubiese sido
Tú hubieras o hubieses sido
Él hubiera o hubiese sido
Nosotros hubiéramos o hubiésemos sido
Vosotros hubierais o hubieseis sido
Ellos hubieran o hubiesen sido

FUTURO IMPERFECTO

Yo fuere
Tú fueres
Él fuere
Nosotros fuéremos
Vosotros fuereis
Ellos fueren

FUTURO PERFECTO

Yo hubiere sido
Tú hubieres sido
Él hubiere sido
Nosotros hubiéremos sido
Vosotros hubiereis sido
Ellos hubieren sido

MODO POTENCIAL

SIMPLE	COMPUESTO
Yo sería	Yo habría sido
Tú serías	Tú habrías sido
Él sería	Él habría sido
Nosotros seríamos	Nosotros habríamos sido
Vosotros seríais	Vosotros habríais sido
Ellos serían	Ellos habrían sido

MODO IMPERATIVO

PRESENTE

Sé tú
Sea él
Seamos nosotros
Sed vosotros
Sean ellos

MODO INFINITIVO

FORMAS SIMPLES	FORMAS COMPUESTAS
Infinitivo: ser	Infinitivo: haber sido
Gerundio: siendo	Gerundio: habiendo sido
Participio: sido	

AMAR
MODO INDICATIVO

PRESENTE

Yo amo
Tú amas
Él ama
Nosotros amamos
Vosotros amáis
Ellos aman

PRETÉRITO PERFECTO

Yo he amado
Tú has amado
Él ha amado
Nosotros hemos amado
Vosotros habéis amado
Ellos han amado

PRETÉRITO IMPERFECTO

Yo amaba
Tú amabas
Él amaba
Nosotros amábamos
Vosotros amabais
Ellos amaban

PRETÉRITO PLUSCUAMPERFECTO

Yo había amado
Tú habías amado
Él había amado
Nosotros habíamos amado
Vosotros habíais amado
Ellos habían amado

PRETÉRITO INDEFINIDO

Yo amé
Tú amaste
Él amó
Nosotros amamos
Vosotros amasteis
Ellos amaron

PRETÉRITO ANTERIOR

Yo hube amado
Tú hubiste amado
Él hubo amado
Nosotros hubimos amado
Vosotros hubisteis amado
Ellos hubieron amado

FUTURO IMPERFECTO

Yo amaré
Tú amarás
Él amará
Nosotros amaremos
Vosotros amaréis
Ellos amarán

FUTURO PERFECTO

Yo habré amado
Tú habrás amado
Él habrá amado
Nosotros habremos amado
Vosotros habréis amado
Ellos habrán amado

MODO SUBJUNTIVO

PRESENTE

Yo ame
Tú ames
Él ame
Nosotros amemos
Vosotros améis
Ellos amen

PRETÉRITO PERFECTO

Yo haya amado
Tú hayas amado
Él haya amado
Nosotros habremos amado
Vosotros habréis amado
Ellos habrán amado

PRETÉRITO IMPERFECTO

Yo amara o amase
Tú amaras o amases
Él amara o amase
Nosotros amáramos o amásemos
Vosotros amarais o amaseis
Ellos amaran o amasen

PRETÉRITO PLUSCUAMPERFECTO

Yo hubiera o hubiese amado
Tú hubieras o hubieses amado
Él hubiera o hubiese amado
Nosotros hubiéramos o hubiésemos amado
Vosotros hubierais o hubieseis amado
Ellos hubieran o hubiesen amado

FUTURO IMPERFECTO

Yo amare
Tú amares
Él amare
Nosotros amáremos
Vosotros amareis
Ellos amaren

FUTURO PERFECTO

Yo hubiere amado
Tú hubieres amado
Él hubiere amado
Nosotros hubiéremos amado
Vosotros hubiereis amado
Ellos hubieren amado

67

MODO POTENCIAL

SIMPLE	COMPUESTO
Yo amaría	Yo habría amado
Tú amarías	Tú habrías amado
Él amaría	Él habría amado
Nosotros amaríamos	Nosotros habríamos amado
Vosotros amaríais	Vosotros habríais amado
Ellos amarían	Ellos habrían amado

MODO IMPERATIVO

PRESENTE

Ama tú
Ame él
Amemos nosotros
Amad vosotros
Amen ellos

MODO INFINITIVO

FORMAS SIMPLES	FORMAS COMPUESTAS
Infinitivo: amar	Infinitivo: haber amado
Gerundio: amando	Gerundio: habiendo amado
Participio: amado	

TEMER
MODO INDICATIVO

PRESENTE

Yo temo
Tú temes
Él teme
Nosotros tememos
Vosotros teméis
Ellos temen

PRETÉRITO IMPERFECTO

Yo temía
Tú temías
Él temía
Nosotros temíamos
Vosotros temíais
Ellos temían

PRETÉRITO INDEFINIDO

Yo temí
Tú temiste
Él temió
Nosotros temimos
Vosotros temisteis
Ellos temieron

FUTURO IMPERFECTO

Yo temeré
Tú temerás
Él temerá
Nosotros temeremos
Vosotros temeréis
Ellos temerán

PRETÉRITO PERFECTO

Yo he temido
Tú has temido
Él ha temido
Nosotros hemos temido
Vosotros habéis temido
Ellos han temido

PRETÉRITO PLUSCUAMPERFECTO

Yo había temido
Tú habías temido
Él había temido
Nosotros habíamos temido
Vosotros habíais temido
Ellos habían temido

PRETÉRITO ANTERIOR

Yo hube temido
Tú hubiste temido
Él hubo temido
Nosotros hubimos temido
Vosotros hubisteis temido
Ellos hubieron temido

FUTURO PERFECTO

Yo habré temido
Tú habrás temido
Él habrá temido
Nosotros habremos temido
Vosotros habréis temido
Ellos habrán temido

MODO SUBJUNTIVO

PRESENTE

Yo tema
Tú temas
Él tema
Nosotros temamos
Vosotros temáis
Ellos teman

PRETÉRITO PERFECTO

Yo haya temido
Tú hayas temido
Él haya temido
Nosotros hayamos temido
Vosotros hayáis temido
Ellos hayan temido

PRETÉRITO IMPERFECTO

Yo temiera o temiese
Tú temieras o temieses
Él temiera o temiese
Nosotros temiéramos o temiésemos
Vosotros temierais o temieseis
Ellos temieran o temiesen

PRETÉRITO PLUSCUAMPERFECTO

Yo hubiera o hubiese temido
Tú hubieras o hubieses temido
Él hubiera o hubiese temido
Nosotros hubiéramos o hubiésemos temido
Vosotros hubierais o hubieseis temido
Ellos hubieran o hubiesen temido

FUTURO IMPERFECTO

Yo temiere
Tú temieres
Él temiere
Nosotros temiéremos
Vosotros temiereis
Ellos temieren

FUTURO PERFECTO

Yo hubiere temido
Tú hubieres temido
Él hubiere temido
Nosotros hubiéremos temido
Vosotros hubiereis temido
Ellos hubieren temido

MODO POTENCIAL

SIMPLE	COMPUESTO
Yo temería	Yo habría temido
Tú temerías	Tú habrías temido
Él temería	Él habría temido
Nosotros temeríamos	Nosotros habríamos temido
Vosotros temeríais	Vosotros habríais temido
Ellos temerían	Ellos habrían temido

MODO IMPERATIVO

PRESENTE

Teme tú
Tema él
Temamos nosotros
Temed vosotros
Teman ellos

MODO INFINITIVO

FORMAS SIMPLES	FORMAS COMPUESTAS
Infinitivo: temer	Infinitivo: haber temido
Gerundio: temiendo	Gerundio: habiendo temido
Participio: temido	

PARTIR
MODO INDICATIVO

PRESENTE	PRETÉRITO PERFECTO
Yo parto	Yo he partido
Tú partes	Tú has partido
Él parte	Él ha partido
Nosotros partimos	Nosotros hemos partido
Vosotros partís	Vosotros habéis partido
Ellos parten	Ellos han partido

PRETÉRITO IMPERFECTO	PRETÉRITO PLUSCUAMPERFECTO
Yo partía	Yo había partido
Tú partías	Tú habías partido
Él partía	Él había partido
Nosotros partíamos	Nosotros habíamos partido
Vosotros partíais	Vosotros habíais partido
Ellos partían	Ellos habían partido

PRETÉRITO INDEFINIDO	PRETÉRITO ANTERIOR
Yo partí	Yo hube partido
Tú partiste	Tú hubiste partido
Él partió	Él hubo partido
Nosotros partimos	Nosotros hubimos partido
Vosotros partisteis	Vosotros hubisteis partido
Ellos partieron	Ellos hubieron partido

FUTURO IMPERFECTO	FUTURO PERFECTO
Yo partiré	Yo habré partido
Tú partirás	Tú habrás partido
Él partirá	Él habrá partido
Nosotros partiremos	Nosotros habremos partido
Vosotros partiréis	Vosotros habréis partido
Ellos partirán	Ellos habrán partido

MODO SUBJUNTIVO

PRESENTE
Yo parta
Tú partas
Él parta
Nosotros partamos
Vosotros partáis
Ellos partan

PRETÉRITO PERFECTO
Yo haya partido
Tú hayas partido
Él haya partido
Nosotros hayamos partido
Vosotros hayáis partido
Ellos hayan partido

PRETÉRITO IMPERFECTO
Yo partiera o partiese
Tú partieras o partieses
Él partiera o partiese
Nosotros partiéramos o partiésemos
Vosotros partierais o partieseis
Ellos partieran o partiesen

PRETÉRITO PLUSCUAMPERFECTO
Yo hubiera o hubiese partido
Tú hubieras o hubieses partido
Él hubiera o hubiese partido
Nosotros hubiéramos o hubiésemos partido
Vosotros hubierais o hubieseis partido
Ellos hubieran o hubiesen partido

FUTURO IMPERFECTO
Yo partiere
Tú partieres
Él partiere
Nosotros partiéremos
Vosotros partiereis
Ellos partieren

FUTURO PERFECTO
Yo hubiere partido
Tú hubieres partido
Él hubiere partido
Nosotros hubiéremos partido
Vosotros hubiereis partido
Ellos hubieren partido

73

MODO POTENCIAL

SIMPLE	COMPUESTO
Yo partiría	Yo habría partido
Tú partirías	Tú habrías partido
Él partiría	Él habría partido
Nosotros partiríamos	Nosotros habríamos partido
Vosotros partiríais	Vosotros habríais partido
Ellos partirían	Ellos habrían partido

MODO IMPERATIVO

PRESENTE

Parte tú
Parta él
Partamos nosotros
Partid vosotros
Partan ellos

MODO INFINITIVO

FORMAS SIMPLES	FORMAS COMPUESTAS
Infinitivo: partir	Infinitivo: haber partido
Gerundio: partiendo	Gerundio: habiendo partido
Participio: partido	

VERBOS CON DOS PARTICIPIOS

Infinitivo	*Participio regular*	*Participio irregular*
Abstraer	abstraído	abstracto
Afligir	afligido	aflicto
Ahitar	ahitado	ahíto
Atender	atendido	atento
Bendecir	bendecido	bendito
Circuncidar	circuncidado	circunciso
Compeler	compelido	compulso
Comprender	comprendido	comprenso
Comprimir	comprimido	compreso
Concluir	concluido	concluso
Confesar	confesado	confeso
Confundir	confundido	confuso
Consumir	consumido	consunto
Contundir	contundido	contuso
Convencer	convencido	convicto
Convertir	convertido	converso
Corregir	corregido	correcto
Corromper	corrompido	corrupto
Despertar	despertado	despierto
Difundir	difundido	difuso
Dividir	dividido	diviso
Elegir	elegido	electo
Enjugar	enjugado	enjuto
Excluir	excluido	excluso
Eximir	eximido	exento
Expeler	expelido	expulso
Expresar	expresado	expreso
Extender	extendido	extenso
Extinguir	extinguido	extinto
Fijar	fijado	fijo
Freír	freído	frito

Infinitivo	Participio regular	Participio irregular
Hartar	hartado	harto
Incluir	incluido	incluso
Incurrir	incurrido	incurso
Infundir	infundido	infuso
Insertar	insertado	inserto
Invertir	invertido	inverso
Juntar	juntado	junto
Maldecir	maldecido	maldito
Manifestar	manifestado	manifiesto
Nacer	nacido	nato
Oprimir	oprimido	opreso
Pasar	pasado	paso
Poseer	poseído	poseso
Prender	prendido	preso
Presumir	presumido	presunto
Pretender	pretendido	pretenso
Propender	propendido	propenso
Proveer	proveído	provisto
Recluir	recluido	recluso
Romper	rompido	roto
Salpresar	salpresado	salpreso
Salvar	salvado	salvo
Soltar	soltado	suelto
Sujetar	sujetado	sujeto
Suprimir	suprimido	supreso
Suspender	suspendido	suspenso
Sustituir	sustituido	sustituto
Teñir	teñido	tinto
Torcer	torcido	tuerto

VERBOS QUE SOLAMENTE TIENEN PARTICIPIO IRREGULAR

Infinitivo	Particpio irregular	Infinitivo	Participio irregular
Abrir	abierto	Imponer	impuesto
Absolver	absuelto	Indisponer	indispuesto
Componer	compuesto	Interponer	interpuesto
Contradecir	contradicho	Morir	muerto
Contrahacer	contrahecho	Oponer	opuesto
Contraponer	contrapuesto	Poner	puesto
Cubrir	cubierto	Posponer	pospuesto
Decir	dicho	Predecir	predicho
Deponer	depuesto	Presuponer	presupuesto
Descomponer	descompuesto	Prever	previsto
Descubrir	descubierto	Proponer	propuesto
Deshacer	deshecho	Reponer	repuesto
Devolver	devuelto	Resolver	resuelto
Disolver	disuelto	Rever	revisto
Disponer	dispuesto	Revolver	revuelto
Envolver	envuelto	Satisfacer	satisfecho
Escribir	escrito	Sobreponer	sobrepuesto
Exponer	expuesto	Ver	visto
Hacer	hecho	Volver	vuelto

EL ADVERBIO

El adverbio es la palabra invariable que modifica al verbo, al adjetivo y a otro adverbio. Ejemplo:

El predicador *habla bien.*
           verbo adv.
La flor es *muy bella.*
         adv. adj.
El labriego vive *muy lejos.*
         adv. adv.

Aclaración pertinente:

a. Si decimos:
El predicador *habla.* Aquí, el verbo *habla* aparece sin modificación alguna.
Pero si decimos:
El predicador *habla bien.* El adverbio *bien* modifica la significación del verbo *habla.*

b. Si decimos:
La flor es *bella.* El adjetivo *bella* aparece sin modificación alguna.
Pero si decimos:
La flor es *muy bella.* El adverbio *muy* modifica al adjetivo *bella.*

c. Si decimos:
El labriego vive *lejos.* Aquí, el adverbio *lejos* figura sin modificación alguna.
Pero si decimos:
El labriego vive *muy lejos.* El adverbio *muy* modifica al otro adverbio *lejos.*

Debe tenerse en cuenta que también el adverbio califica y determina la significación del verbo. Ejemplo:
Nos sentimos *muy felices* (calificación).
La redención final está *muy cerca* (determinación).
Clases: Adverbios de tiempo, lugar, modo, cantidad, orden, afirmación, duda y negación.

1. **De tiempo.** (¿Cuándo?) Son: hoy, ayer, anteayer, mañana, anoche, anteanoche, ahora, otrora, antes, después, entonces, luego, tarde, temprano, presto, pronto, siempre, nunca, jamás, ya, mientras, aún, todavía, antaño, hogaño, recién y cuando. Ejemplo:
«... Si oyereis *hoy* su voz, no endurezcáis vuestros corazones» (He. 4:7).
Pronto vendrá el Señor
su Iglesia a levantar.
2. **De lugar.** (¿Dónde?) Son: aquí, ahí, allí, acullá, cerca, lejos, donde (*do*, forma poética), adonde, dondequiera, doquiera, doquier, enfrente, dentro, fuera, arriba, abajo, adelante, atrás, delante, encima, debajo, junto, detrás, aquende y allende. Ejemplo:
«En la mansión *do* Cristo está, *allí* no habrá tribulación» (H. G., nº 26).
Vive *enfrente* nuestro buen hermano.
3. **De modo.** (¿Cómo?) Son: bien, mal, mejor, peor, apenas, despacio, aprisa, quedo, recio, duro, alto, bajo, excepto, salvo, conforme, adrede, y los terminados en *mente* (a los adjetivos se les añade la final *mente*): buenamente, malamente, claramente, cándidamente, astutamente, inteligentemente. Ejemplo:
El salvado vive *mejor* en todo orden de cosas.
Caminan *sabiamente* muchos jóvenes.
4. **De cantidad.** (¿Cuánto?) Son: mucho, poco, casi, harto, bastante, tanto, tan, nada, cuanto, cuan, demasiado, algo, etc. Ejemplo:
Anhelo *mucho* ver a mi Redentor.
Ora *bastante*, atesora *harto* para el cielo.
5. **De orden.** (¿Antes o después?) Son: primeramente, sucesivamente, respectivamente, últimamente, antes, después, luego. Ejemplo:
Primeramente la Iglesia será arrebatada, *después* vendrá el Milenio.
Los conjuntos musicales actuaron *sucesivamente*.

6. **De afirmación.** (¿Sí o no?) Son: sí, también, cierto, ciertamente, efectivamente, realmente, seguro, seguramente, verdaderamente, también, etc. Ejemplo:
Sí existe Dios desde la eternidad y por la eternidad.
Verdaderamente Dios perdona al pecador.
7. **De duda.** (¿Sí o no?) Son: quizá o quizás, acaso, tal vez, posiblemente, probablemente. Ejemplo:
El evangelista *quizá* llegue hoy.
Los Royal Tangers *tal vez* regresen mañana.
8. **De negación.** (¿Sí o no?) Son: no, ni, nunca, jamás, tampoco, etc. Ejemplo:
Nunca, nunca, Él me ha dejado.
El diablo *no* mira las cosas de Dios (Mt. 16:23).

MODOS ADVERBIALES

Son locuciones o conjunto de dos o más palabras que hacen en la oración el papel de adverbios.
Los modos adverbiales más comunes son:

a borbotones	de hoy para siempre
a brazo partido	de madrugada
a buen recaudo	de mal en peor
a cada momento	de mala gana
a campo traviesa	de mentirijillas
a carta cabal	de momento
a ciegas	de par en par
a ciencia cierta	de por medio
a discreción	de por sí
a duras penas	de por vida
a expensas de	de pronto
a hurtadillas	de repente
a la antigua	de sopetón
a la buena ventura	de tiempo en tiempo
a la moderna	de una vez
a la par	de veras

a la postre
a las mil maravillas
a los cuatro vientos
a manos limpias
a manos llenas
a más no poder
a más y mejor
a menudo
a ojos vistas
a paso largo
a paso ligero
a pedir de boca
a pie firme
a pies juntillas
a propósito
a regañadientes
a sabiendas
a sangre fría
a su debido tiempo
a tiempo
a toda prisa
a todo correr
a tontas y a locas
a vida o muerte
al pie de la letra
ante todo
contra viento y marea

de verdad
de vez en vez
en aquel entonces
en conciencia
en cuclillas
en efecto
en el acto
en fin
en principio
en secreto
en un dos por tres
en un santiamén
hasta más no poder
por añadidura
por de pronto
por cierto
por el contrario
por ende
por lo menos
por lo mismo
por los siglos de los siglos
por nada en el mundo
por principio
por si acaso
por siempre jamás
sin más ni más
sobre aviso, etc.

Ejemplo:
Nadie debe hacer las cosas *a tontas y a locas.*
Por tu alma, escapa *a toda prisa.*
Las locuciones latinas que más se usan en castellano
como adverbios son:

ab aeterno
ab initio
ab intestato

desde la eternidad
desde el principio
sin testamento

81

ad hoc	para un fin determinado
ad pédem litterae	al pie de la letra
ad referéndum	para ser aprobado por consulta
a grosso modo	en general
a posteriori	tiempo posterior
a priori	con anterioridad
bis	dos veces
consummátum est	consumado es, todo se ha acabado
de jure	de derecho, de ley
dura lex, sed lex	dura es la ley, pero es ley
ex abrupto	arrebatada o bruscamente
ex cáthedra	con autoridad de maestro
ex profeso	de propósito
fiat lux	hágase la luz
hábeas corpus	derecho del detenido a ser oído
in artículo mortis	en el artículo de la muerte
ipso facto	en el acto
lapsus cálami	error de pluma
lapsus linguae	equivocación al hablar
modus vivendi	modo de vivir
motu propio	de modo propio, voluntariamente
non plus ultra	nada más allá
sine qua non	condición sin la cual no
statu quo	en el estado actual
sui géneris	muy especial, singular
ultimátum	último plazo
ut supra	como arriba
verbi gratia (o verbigracia)	por ejemplo
vox pópuli	del dominio público

Ejemplo:

Se nombró una comisión *ad hoc* (para un fin específico).

Ese reclamo procede *de jure* (de derecho).
El orador cometió *lapsus linguae* (equivocación al hablar).

LA PREPOSICIÓN

La preposición es la palabra invariable que establece una relación de dependencia o subordinación entre dos palabras. A la primera palabra que une se le llama *antecedente* o subordinante; a la segunda palabra se le llama *consecuente* o subordinada. Ejemplo:

El *reino de Salomón*.
antec. prep. consec.

Alimento para niños.
antec. prep. consec.

Clases: separables e inseparables.
1. **Preposiciones separables o propias.** Consideradas aisladamente, son las que por sí solas tienen valor. Son: a, ante, bajo, cabe, con, contra, de, desde, en, entre, hacia, hasta, para, por, según, sin, so, sobre, tras.

SIGNIFICADO DE LAS PREPOSICIONES

A: Indica: dirección, término de la acción, lugar y tiempo en que sucede algo; situación o ubicación; para formar los complementos directo, indirecto y circunstancial de la oración, etc. Ejemplo:
Busca *a* Dios.
Llegaremos *a* la patria celestial.
ANTE: Significa: delante de alguna persona, cosa o circunstancia. Ejemplo:
Algún día te presentarás *ante* Dios.
Pasaron y se postraron *ante* el altar.

BAJO: Significa: debajo de, situación o posición inferior, dependencia. Ejemplo:
Estamos *bajo* la potestad del Altísimo.
Los ángeles caídos fueron arrojados *bajo* el abismo.
CABE: Indica: cerca de, junto a. Ya es de uso anticuado excepto en poesía.
CON: Indica: compañía, participantes, manera de hacer algo. Ejemplo:
La madre abrazó al hijo *con* ternura.
Vivo *con* mi familia.
CONTRA: Expresa: oposición, encuentro, choque, contrariedad. Ejemplo:
Luchando no cederemos *contra* el enemigo.
El diputado votó *contra* el proyecto de ley.
DE: Denota: posesión o pertenencia, origen o procedencia, materia de que algo está hecho, asunto, cualidad de persona o cosa. Ejemplo:
El amor *de* Dios es sin igual.
La camisa *de* seda es suave.
DESDE: Denota: el punto, tiempo u orden de que procede o se origina una cosa. Ejemplo:
Desde la creación muchas cosas han cambiado.
Desde Jerusalén retornaron un grupo de hermanos.
EN: Indica: el lugar, la posición, el tiempo, modo o manera. Ejemplo:
Los ángeles están *en* el cielo.
Ese amigo nos visita de cuando *en* cuando.
ENTRE: Indica: en medio de, en medio de dos o más personas o cosas. Ejemplo:
El misionero vive *entre* los nativos.
Hay armonía *entre* los cónyuges.
HACIA: Denota: dirección o el lugar a que se encamina el movimiento. Ejemplo:
Alza tus ojos *hacia* el cielo.
Los pastores caminaron *hacia* Belén.
HASTA: Denota: término o fin de algo. Ejemplo:

Expresa un ¡aleluya! que llegue *hasta* el cielo.
«Sé fiel *hasta* la muerte, y yo te daré la corona de la vida» (Apocalipsis 2:10).

PARA: Expresa: finalidad, objetivo, destino, dirección, etc. Ejemplo:
«Acuérdate de mí *para* bien, Dios mío» (Nehemías 5:19).
«Porque *para* mí el vivir es Cristo y el morir es ganancia» (Filipenses 1:21).

POR: Expresa: la causa de una cosa, motivo, modo, objetivo, equivalencia. Ejemplo:
Todo lo que existe ha sido creado *por* Dios.
Los ángeles dijeron a Lot: «Escapa *por* tu vida» (Génesis 19:17).

SEGÚN: Expresa: con arreglo a, con arreglo a lo que dice otro. Ejemplo:
Todo saldrá bien *según* tu fe.
El Evangelio *según* San Juan es muy profundo.

SIN: Indica: ausencia o carencia, falta de algo, fuera de, aparte de. Ejemplo:
Sin ti, ¡Señor!, todo es vanidad.
Muchos caminan *sin* nueva vida.

SO: Significa: bajo de; generalmente se usa con las palabras pena y pretexto. Ejemplo:
Está advertido *so* pena de expulsión.
Llegó tarde *so* pretexto de «fuerza mayor».

SOBRE: Denota: encima, acerca de, asunto, proximidad, etc. Ejemplo:
La Biblia está *sobre* el púlpito.
La conferencia trató *sobre* el celibato.

TRAS: Indica después de, sucesión continuada. Ejemplo:
Tras la tormenta viene la paz.
Uno *tras* otro entonaron coritos.

2. **Preposiciones inseparables.** Son los prefijos latinos y griegos que se juntan a las palabras para formar otras nuevas.

PREFIJOS DE ORIGEN LATINO

A, ab, abs (separación, privación, alejamiento): anómalo, abolir, abstrae.

Ad (proximidad, cerca de, dirección): adyacente, adjunto, adviento.

Bi, bis, biz (dos veces, dos): bimano, binomio, bisabuelo, biznieto.

Circum (alrededor): circunferencia, circumpolar, circunnavegación.

Contra (oposición): contradecir, contraponer, contrariedad.

Cum, com, con, co (compañía, unión): cumplimiento, compañero, concentrado, cooperar, copiloto, conjunción, condiscípulo.

De, des, dis (separación, no, sin): devolver, desagradecido, disgustar.

Equi (igualmente): equidistante, equilátero, equivalente.

Ex (fuera de, exclusión, alejamiento): ex alumno, excéntrico.

In, im (privación, no, sin): impotencia, indecente, impaciencia.

Inter (entre): interacción, intermediario, interandino, intervenir.

Post, pos (después, detrás): postgrado, postguerra, posponer, posdata.

Pre (antes, delante): preocupado, predecir, prejuzgar, preelegir.

Pro (delante, en vez de): pronombre, prohombre, proponer.

Re (repetición, de nuevo): renovar, reedificar, remodelación.

Retro (hacia atrás): retroceso, retrocarga, retrógrado, retrotraer.

Semi (la mitad, medio): semicírculo, semicorchea, semifusa.

Sub (debajo, inferior, dependiente): submarino, subjefe, subteniente.

Trans, tras (al otro lado): transporte, trasandino, traslado.

Tri (tres): triángulo, Trinidad, trinitario, triunvirato.

Ultra (más allá): ultratumba, ultramar, ultraísmo, ultraderecha.

Vice, viz (en vez de, inferior a): vicepresidente, vicerrector, vizconde, vizcondado, vizcacha.

PREFIJOS GRIEGOS

A (sin, privación): acéfalo, ateo, amorfo, anarquía.

Anfi (duplicidad, alrededor de): anfibio, anfiteatro.

Anti (oposición): anticristo, antípoda, antidemocrático.

Archi, arci, arqui, arz (principal, autoridad, facultad): archidiácono, archiduque, arcángel, arcipreste, arzobispo.

Auto (mismo, propio): autobiografía, automóvil, autodeterminación.

Deca (diez): decálogo, década, decalitro, decacordio.

Foto (luz): fotografía, fotograbado, fotogénico, fotocopia.

Epi (sobre, acerca de): epicentro, epidermis, epitalamio.

Hecto (ciento): hectolitro, hectómetro, hectogramo, hectógrafo.

Kilo (mil): kilómetro, kilogramo, kilovatio, kilovoltio.

Mono (uno, solo): monoteísta, monogamia, monocultivo, monosílabo.

Poli (varios, muchos): politeísta, poligamia, policromo, polifónico.

Proto (primero): protomártir, protohistoria, prototipo.

Sin (unión, compañía): sintaxis, síntesis, sinnúmero, sintonizar.

LA CONJUNCIÓN

La conjunción es la palabra invariable que une dos palabras individuales o dos oraciones. Ejemplo:
Cielo *y* tierra (palabras sueltas).
Muchos jóvenes trabajan *y* estudian (oraciones).
Clasificación: copulativas, disyuntivas, adversativas, causales, consecutivas y finales.

1. **Conjunciones copulativas.** Son las que simplemente unen palabras u oraciones.
Son: i, e, ni, que. Ejemplo:
Trabajemos con gran visión *y* todo saldrá bien.
La conjunción *e* se usa en lugar de *y* para evitar la cacofonía, o sea cuando la palabra siguiente comienza con *i* o *hi.*
María *e* Inés enseñan en la Escuela Dominical.
Padre *e* hijo se comprenden debidamente.
La conjunción *ni* une negando (muchas veces la negación se convierte en afirmación).
Ni tú *ni* yo seremos vencidos.
Que es conjunción cuando puede ser reemplazado por *y;* además une dos verbos iguales.
Dale *que* dale (dale *y* dale).
Bate *que* bate el chocolate (bate *y* bate).

2. **Conjunciones disyuntivas.** Establecen una disyunción, separación o alternativa. Unen dos oraciones completamente contradictorias donde, planteada la oposición, hay que escoger la que más conviene. La conjunción disyuntiva típica es *o.*
Son: o, u, ora... ora, ya... ya, bien... bien, etc.
Ejemplo:
O la bolsa *o* la vida.
Ora cantaba *ora* lloraba.
Ya reía *ya* callaba.
Bien se sentaba *bien* se paraba.

La conjunción *u* reemplaza a la *o* para evitar la cacofonía.
Juan *u* Otoniel serán premiados.
3. **Conjunciones adversativas.** Unen también dos oraciones contradictorias pero la oposición es tan leve que se admite lo expresado. Son: pero, empero, con todo, sin embargo, a pesar de que, aun cuando, antes bien, mas, aunque, etc. Ejemplo:
No sabe *pero* pasa de año.
Vive lejos, *sin embargo* no falta a los cultos.
Mas es conjunción cuando puede ser reemplazada por *pero* y no lleva tilde.
Lo llamas *mas* no quiere oírte.
4. **Conjunciones causales.** Denotan causa, motivo, razón real o supuesta. La oración que expresa la causa está después de la conjunción. Son: porque, puesto que, supuesto que, pues que, pues, ya que, dado que, etc. Ejemplo:
Es bendecido *porque* es muy consagrado.
Es sólido en doctrina *ya que* estudia la Biblia.
5. **Conjunciones consecutivas o ilativas.** Son las que expresan una consecuencia. La oración que expresa la consecuencia está después de la conjunción. Son: por consiguiente, por lo tanto, por tanto, así que, luego, pues, conque, etc.
La conjunción *conque* debe escribirse como una sola palabra.
Estudia mucho *por lo tanto* pasa de año.
Es muy trabajador *por consiguiente* tiene bienestar.
6. **Conjunciones finales.** Expresan finalidad u objetivo. Son: para que, a fin de que, de modo que, con objeto de que. Ejemplo:
Escucha a tus padres *para que* seas sabio y feliz.
Clama con fe *a fin de que* seas oído.

LA INTERJECCIÓN

La interjección es la palabra invariable que, de modo súbito, expresa grandes estados de ánimo. Se las considera como oraciones elípticas (sintéticas) y como tales pueden ir al comienzo, al centro o final de las oraciones. Permanentemente llevan los signos de admiración.
Ejemplo:
¡Oh Dios! Con cuánto amor nos conduces a tu lado.
Con cuánto amor, ¡oh Dios!, nos conduces a tu lado.
Con cuánto amor nos conduces a tu lado. ¡Oh Dios!
«Mas ¡ay de vosotros, ricos!, porque ya tenéis vuestro consuelo» (Lucas 6:24).
Clases: propias e impropias.

1. **Interjecciones propias.** Son las que únicamente se desempeñan como interjecciones. Son:

¡ah!	¡eh!	¡pardiez!
¡ay!	¡puf!	¡hola!
¡bah!	¡huy!	¡quia!
¡oh!	¡hurra!	¡upa!
¡cáspita!	¡ojalá!	¡zape!
¡ea!	¡caramba!	¡zas!

2. **Interjecciones impropias.** Son categorías gramaticales que en forma ocasional se desempeñan como interjecciones. Son:

¡bravo! (adjetivo)	¡abajo! (adverbio)
¡viva! (verbo)	¡fuego! (sustantivo)
¡muera! (verbo)	¡toma! (verbo)
¡vaya! (verbo)	¡bueno! (adjetivo)
¡cuidado! (verbo)	¡chito! (sustantivo)
¡fuera! (adverbio)	¡horror! (sustantivo)

CAPÍTULO III

La sintaxis

La sintaxis es la parte de la Gramática que estudia las palabras en conjunto formando oraciones gramaticales. Partes que comprende: el estudio de las oraciones, la concordancia y la construcción.

LA ORACIÓN GRAMATICAL

La oración gramatical es el conjunto de palabras que expresan un pensamiento completo. Ejemplo:
Es verdad que esta vida es pasajera, pero para los salvados nos queda otra eternal, preciosísima y al lado de Dios.
Esta oración tiene veintiuna palabras, empero puede resumirse en lo siguiente:
La vida es eternal (cuatro palabras).
Pero puede haber oraciones de una sola palabra:
Vivimos.
La existencia de una oración está determinada por la presencia de un verbo en modo personal.
Cuando varias palabras no expresan un pensamiento completo se llama *frase*. Ejemplo:
Los niños y adultos de la Escuela Dominical.
Partes de la oración. La oración tiene dos partes o elementos:
I. Elementos esenciales o fundamentales: sujeto y predicado.
II. Elementos complementarios o accidentales: complementos del sujeto y complementos del predicado.

91

EL SUJETO

Es la parte de la oración de la cual se afirma o se niega algo.

Por regla general, el sujeto está representado por un sustantivo que puede ser persona, animal o cosa.

El sujeto está en caso nominativo. Ejemplo:

El rey Salomón brilló en sabiduría.
sujeto

La Tierra es redonda.
sujeto

¿Cómo se reconoce el sujeto? Con las preguntas al verbo o predicado:

¿Quién? para las personas y ¿qué? para las cosas.

CLASES DE SUJETO

1. **Sujeto simple.** Cuando la oración tiene un solo sujeto. Ejemplo:

Un buen libro embellece la biblioteca.
s. simple

2. **Sujeto compuesto.** Cuando la oración tiene dos o más sujetos. Ejemplo:

La fe y la esperanza nos fortalecen.
s. compuesto

Isaías, Jeremías, Ezequiel y Daniel profetizaron.
s. compuesto

3. **Sujeto incompleto.** Es el que no tiene complementos. Ejemplo:

El estudiante logró premios.
s. incom.

4. Sujeto complejo. Es el que tiene complementos. Ejemplo:

El estudiante esforzado y estudioso logró premios.
| sujeto   complementos |
sujeto complejo

5. Sujeto activo. Es el que ejecuta la acción del verbo. Ejemplo:

Los padres aman mucho a sus hijos.
s. act.

6. Sujeto pasivo. Es el que recibe la acción del verbo. Ejemplo:

Los hijos son amados por sus padres.
s. pas.

7. Sujeto expreso. Es el que se halla expresado en la oración. Ejemplo:

El profesor enseña con sabiduría.
s. exp.

8. Sujeto tácito. Es el que se halla sobreentendido o implícito. Ejemplo:

Enseña con sabiduría (el profesor).
s. tácito

EL PREDICADO

El predicado es la parte de la oración que afirma o niega algo del sujeto. Ejemplo:

El Maestro de Galilea enseñó con amor.
predicado

Millones de ángeles adoran al Todopoderoso.
predicado

La Iglesia Universal avanza.
predicado

CLASES DE PREDICADO

1. **Predicado nominal o atributo.** Atribuye cualidades al sujeto. Está representado por un sustantivo, adjetivo, pronombre y adverbio, y unido a los verbos copulativos *ser* y *estar*.
   Ejemplo:
   La salvación *es tesoro* (sustantivo).
   El tabernáculo *es santo* (adjetivo).
   La cantante *es ella* (pronombre).
   El violín *está allí* (adverbio).

2. **Predicado verbal.** Atribuye al sujeto la realización de una serie de acciones, fenómenos o movimientos. Usa todos los verbos predicativos. Ejemplo:
   El hombre <u>piensa</u>.
             p. verb.
   El día <u>amanece</u>.
          p. verb.
   El avión <u>vuela</u>.
          p. verb.

3. **Predicado simple.** Cuando la oración tiene un solo predicado. Ejemplo:
   Todo discípulo <u>se niega a sí mismo</u>.
                      p. simple

4. **Predicado compuesto.** Cuando la oración tiene dos o más predicados. Ejemplo:
   Todo discípulo <u>ora, ayuna, clama, medita, estudia</u>.
                      p. compuesto

5. **Predicado incomplejo.** Cuando el verbo no tiene complementos. Ejemplo:
   El profesor <u>enseña</u>.
             p. incom.

6. **Predicado complejo.** El verbo tiene complementos. Ejemplo:

El profesor enseña Teología sistemática.
          |verbo   complemento|
          predicado complejo

COMPLEMENTOS

Los complementos son el conjunto de palabras que aclaran el sentido del sujeto o del predicado.

Clases: complementos del sujeto y complementos del predicado.

1. **Complementos del sujeto.** Son las palabras que aclaran la significación del sujeto determinando, explicando o especificando. Ejemplo:

La ciudad de Nueva York tiene rascacielos.
    comp. suj.

El cristiano fervoroso y fiel sirve de ejemplo.
                comp. suj.

2. **Complementos del verbo o predicado.** Son las palabras que aclaran el sentido del verbo o predicado.

Clases: complemento directo, complemento indirecto y complemento circunstancial.

a. *Complemento directo.* Es la palabra sobre la cual recae directamente la acción del verbo.

Este complemento puede llevar la preposición *a* cuando se trata de personas y animales, pero no cuando se trata de cosas. El complemento directo está en caso acusativo. Ejemplo:

Los padres aman a sus hijos.
                c. dir.

Aquel niño cuida a su perrito.
                c. dir.

El carpintero levanta el martillo.
                        c. dir.

95

¿Cómo se reconoce el complemento directo? Formulando cualquiera de estas dos preguntas:
¿Qué es lo que + sujeto + verbo? O:
¿Qué cosa + sujeto + verbo?

Primer ejemplo:
Los israelitas vencieron a los cananeos.
Pregunta: ¿Qué es lo que los israelitas vencieron?
Respuesta: a los cananeos (c. directo).
Conclusión:

Los israelitas vencieron a los cananeos.
  sujeto   verbo   c. directo

Segundo ejemplo:
El profesor obsequió un libro.
Pregunta: ¿Qué cosa el profesor obsequió?
Respuesta: un libro (c. directo).
Conclusión:

El profesor obsequió un libro.
  sujeto   verbo   c. directo

b. *Complemento indirecto.* Es la palabra sobre la cual recae indirectamente la acción del verbo. Lleva las preposiciones *a* o *para*. Ejemplo:

David adquirió materiales para el templo.
                             c. ind.
La madre entregó un juguete a su niña.
                             c. ind.

¿Cómo se reconoce el complemento indirecto? Con las preguntas:
¿A quién o para quién + verbo? O ¿para qué + verbo?
Primer ejemplo:
Nosotros enviamos ayuda a los misioneros.
Pregunta: ¿A quiénes la enviamos?
Respuesta: a los misioneros (c. indirecto).
Conclusión:

96

Nosotros enviamos ayuda a los misioneros.
sujeto　　 verbo　　 c. dir.　 c. indirecto

Segundo ejemplo:
Las damas compran himnarios para la iglesia.
Pregunta: ¿Para quién los compran?
Respuesta: para la iglesia (c. indirecto).
Conclusión:
Las damas compran himnarios para la iglesia.
sujeto　　 verbo　 c. dir.　　 c. indirecto

c. *Complemento circunstancial.* Completa el sentido del verbo con circunstancias de tiempo, lugar y modo. Lleva la mayoría de las preposiciones. El complemento circunstancial está en caso *ablativo.* Reconocimiento: El complemento circunstancial se reconoce con las preguntas: ¿Cuándo? ¿Dónde? ¿Cómo? + verbo.

Primer ejemplo:
Con gran gozo, llegaron ayer a Jerusalén los hermanos.
Preguntas y las respuestas:
¿Cuándo llegaron? Ayer (c. circ.).
¿Dónde llegaron? A Jerusalén (c. circ.).
¿Cómo llegaron? Con gran gozo (c. circ.).
Conclusión:
Con gran gozo, llegaron ayer a Jerusalén
　 c. circ.　　　 verbo　 c. circ.　 c. circ.
los hermanos.
sujeto

EL CASO Y LA DECLINACIÓN

El caso. Se ocupa de los diferentes oficios que desempeñan los sustantivos y pronombres en la oración.

97

El caso no es un accidente gramatical porque la palabra no sufre ninguna alteración en su estructura.

Los casos son seis:

1. *Caso nominativo*: cuando la palabra desempeña el papel de sujeto.
2. *Caso genitivo:* indica posesión o pertenencia, procedencia u origen y la materia de que algo está hecho. Lleva la preposición *de*.
3. *Caso acusativo:* cuando la palabra se desempeña como complemento directo.
4. *Caso dativo:* cuando la palabra se desempeña como complemento indirecto y lleva las preposiciones *a* y *para*.
5. *Caso ablativo:* cuando la palabra se desempeña como complemento circunstancial y lleva la mayoría de las preposiciones.
6. *Caso vocativo:* expresa invocación o llamada a una persona o cosa personificada. Va entre comas si va al medio de la oración y puede llevar signos de admiración. Es un caso independiente de la oración.

La declinación. Consiste en el paso ordenado de una palabra por todos los casos.

DECLINACIÓN DEL SUSTANTIVO

Ahora bien, en nuestra calidad de cristianos, siempre honrando y glorificando a Dios, colocándolo en el primer lugar que es el único que le corresponde, usemos un sustantivo excepcional para los fines de la declinación.

Declinemos el nombre más grande, el nombre sobre todo nombre, el nombre JESÚS.

Caso nominativo: ¡JESÚS es Rey y Señor!

Caso genitivo: La sangre de JESÚS nos limpia de todo pecado.

Caso acusativo: Los salvados amamos a JESÚS.
Caso dativo: Nuestros corazones son para JESÚS.
Caso ablativo: Jamás viviremos sin JESÚS.
Caso vocativo: ¡Oh JESÚS! Eres eterno porque eres Dios.

DECLINACIÓN DE LOS PRONOMBRES PERSONALES

Caso nominativo:
1ª pers.: yo, nosotros, nosotras, nos
2ª pers.: tú, vosotros, vosotras, vos
3ª pers.: él, ella, ellos, ellas
Caso genitivo: antecedido por la preposición *de.*
1ª pers.: mí, nosotros, nosotras, nos
2ª pers.: ti, vosotros, vosotras, vos
3ª pers.: él, ella, sí; ellos, ellas, sí
Caso acusativo: antecedido por la preposición *a* o sin ella.
1ª pers.: mí, me, nosotros, nosotras, nos
2ª pers.: ti, te, vosotros, vosotras, vos
3ª pers.: él, le, lo, ella, la; ellos, ellas; los, las; lo, ello (neutro); se, sí (reflexivo)
Caso dativo: antecedido por las preposiciones *a* o *para.* Algunos pronombres pueden omitir las preposiciones.
1ª pers.: mí, me, nosotros, nosotras, nos
2ª pers.: ti, te, vosotros, vosotras, vos
3ª pers.: él, ella, ellos, ellas, les; lo, ello (neutro); sí, se (reflexivo)
Caso ablativo: antecedido por la mayoría de las preposiciones: con, entre, en, de, desde, hasta, por, sin, sobre, etc.
1ª pers.: mí, conmigo, nosotros, nosotras, nos
2ª pers.: ti, contigo, vosotros, vosotras, vos
3ª pers.: él, ella, ellos, ellas; ello (neutro); sí, consigo (reflexivo)

Caso vocativo:
2ª pers.: ¡Oh tú! ¡Oh vosotros! ¡Oh vosotras!

ORACIONES SIMPLES

Las oraciones simples son las que constan de un solo sujeto y de un solo predicado. *Clases*:

I. ORACIONES SIMPLES POR LA NATURALEZA DEL VERBO.
1. **Oraciones copulativas.** Son las que están formadas por los verbos copulativos *ser* y *estar*. Ejemplo:
Nuestra existencia *es* fugaz.
La hermandad *está* contenta en el culto.
2. **Oraciones transitivas.** Las que están formadas sólo por verbos transitivos, tienen complemento directo. Ejemplo:
El músico *ejecuta* un himno.
El labriego *siembra* el trigo.
3. **Oraciones intransitivas.** Son las que están formadas por verbos intransitivos. Ejemplo:
Nuestro visitante *nació* en Venezuela.
Las almas salvadas *van* al paraíso.
4. **Oraciones recíprocas.** Expresan acciones que se intercambian entre dos personas o sujetos, pueden llevar los adverbios mutuamente o recíprocamente. Ejemplo:
Dios y los redimidos *se aman*.
Los hermanos Juan y Pedro *se ayudan mutuamente*.
5. **Oraciones reflexivas.** Son las que están formadas por verbos reflexivos. Ejemplo:
Las damas *se arreglan* muy cuidadosamente.
El pecador *se arrepintió* de sus pecados.

II. ORACIONES SIMPLES POR EL MODO DEL VERBO.

100

1. **Oraciones afirmativas.** Son las que expresan una afirmación o aseveración. Ejemplo:
Nuestro visitante es ecuatoriano.
Los padres educan a sus hijos.
2. **Oraciones interrogativas.** Son las que expresan una pregunta, interrogación o averiguación. En las oraciones interrogativas, el verbo debe ir al comienzo de la oración, es lo correcto. Ejemplo:
¿Quieres tú escuchar este relato?
¿Estudias con el firme propósito de graduarte?
3. **Oraciones negativas.** Expresan una negación, ausencia o carencia. La acción del verbo no se cumple. Ejemplo:
A ese paso lento, no llegarás a tiempo a la reunión.
El hombre necio no entiende por nada.
4. **Oraciones desiderativas.** Las que expresan el cumplimiento de un deseo o anhelo. Ejemplo:
Mucho anhelo tu salvación.
Te deseo buena salud y larga vida.
5. **Oraciones exhortativas.** Las que indican exhortación, mandato o prohibición. Ejemplo:
Mirad con atención.
¡Callad!
6. **Oraciones dubitativas.** Son las que expresan duda, vacilación o incertidumbre. Ejemplo:
Tal vez lleguemos al año dos mil.
Ese empleado quizás será ascendido.
7. **Oraciones exclamativas.** Las que expresan una admiración o sorpresa. Ejemplo:
¡Ya llegó nuestro hijo!
¡Qué maravilla, preciosa estás!

III. ORACIONES POR LA VOZ DEL VERBO.
1. **Oraciones activas.** Son aquellas donde el sujeto ejecuta la acción del verbo. Ejemplo:
El botánico observa las plantas y las clasifica.

Clases: oraciones primeras de activa y oraciones segundas de activa.

a. *Oraciones primeras de activa.* Tienen los siguientes elementos: Sujeto activo o agente, verbo en voz activa y complemento directo. Ejemplo:

El dibujante pinta un letrero.
<u>s. act.</u>   <u>v. v. ac.</u> <u>c. direc.</u>

b. *Oraciones segundas de activa.* Cuando la oración carece de complemento directo. El esquema es: Sujeto activo, verbo en voz pasiva, cualquier complemento del verbo menos el directo. Ejemplo:

Ellos ahorran para el porvenir.
<u>s. act.</u> <u>v. v. ac.</u>   <u>c. indir.</u>

Los exploradores escriben a sus familiares.
<u>s. act. o agente</u> <u>v. v. ac.</u>   <u>c. indir.</u>

2. Oraciones pasivas. Son aquellas donde el sujeto recibe la acción del verbo. Ejemplo:

El incendio fue apagado por los bomberos.
<u>s. pasivo</u>

Clases: oraciones primeras de pasiva y oraciones segundas de pasiva.

a. *Oraciones primeras de pasiva.* Tienen los siguientes elementos:
Sujeto pasivo, verbo en voz pasiva y ablativo agente (c. c).

El sospechoso fue arrestado por la policía.
<u>s. pasivo</u> <u>v. v. pasiva</u> <u>abl. agente</u>

b. *Oraciones segundas de pasiva.* Tienen los siguientes elementos:
Sujeto pasivo, verbo en voz pasiva, no tienen ablativo agente. Ejemplo:

La belleza es admirada.
<u>s. pasivo</u> <u>v. v. pasiva</u>

IV. ORACIONES POR EL SUJETO QUE PARTICIPA.

1. **Oraciones personales.** Usan los verbos personales y la oración puede formularse con cualquiera de las tres personas. Ejemplo:
Yo *llegué* ayer. Tú *llegaste* ayer. Ellos *llegaron* ayer.

2. **Oraciones terciopersonales o unipersonales.** Son aquellas que tienen solamente sujeto de tercera persona. Ejemplo:
<u>Los pajarillos</u> trinan melodiosamente.
  s. terc. pers.
Amanece (el día).
Anochece (el día).

3. **Oraciones impersonales.** Son las que carecen de sujeto. En estas oraciones, los verbos deben emplearse en singular.
Ejemplo:
Hay muchos miembros en esta iglesia.
Hubo presentaciones de grupos musicales.
Habrá ceremonias de clausura en los institutos.
Hace días de aquella despedida.
Hace milenios de aquel diluvio.

ORACIONES COMPUESTAS

Se llaman oraciones compuestas a las que están integradas por la unión de dos o más oraciones simples.

Las oraciones compuestas se caracterizan por tener dos o más sujetos y dos o más predicados. Ejemplo:

Educadores y sociólogos estudian y orientan a la familia.

Clases: oraciones compuestas coordinadas y oraciones compuestas subordinadas.

ORACIONES COMPUESTAS COORDINADAS

Son las oraciones independientes que se hallan unidas por las conjunciones o unidas sólo con los signos de puntuación. La coordinación en estas oraciones se manifiesta en que las oraciones integrantes mantienen su propia independencia o significación y sin sujeción a las otras. Ejemplo:

Glorifiquemos a Dios y adorémosle de corazón.

Seamos fieles, luchemos con fe, avancemos, derrotemos al enemigo.

Clases: oraciones coordinadas conjuntivas y oraciones coordinadas yuxtapuestas.

I. **Oraciones coordinadas conjuntivas.** Son las que están unidas por las distintas clases de conjunciones y agrupadas con las mismas denominaciones. (Ver el estudio de las conjunciones.) Subdivisión:

1. *Oraciones conjuntivas copulativas.* Son las que están unidas por las conjunciones copulativas: y, e, ni, que. La mayoría de estas oraciones son afirmativas y prefieren el uso de la conjunción *y.* Ejemplo:

Todos averiguamos *y* todos queremos saber.

Ni atiende *ni* se interesa.

No vimos a sus padres *ni* a sus hijos.

2. *Oraciones disyuntivas.* Son las que están unidas por las conjunciones disyuntivas: o, u, ora... ora; ya... ya; bien... bien. Las oraciones que se unen son contradictorias u opuestas, de tal modo que una de ellas excluye a la otra. Ejemplo:

O la bolsa o la vida.

O pagas tu deuda o te enjuicio.

Ora estudiaba, ora descansaba.

3. *Oraciones adversativas.* Son las que llevan las conjunciones del mismo nombre: pero, empero, con todo, mas, etc.

Las oraciones que se unen son también contradictorias pero la oposición es tan leve que se admiten las dos. Ejemplo:

Esa persona es pobre pero caritativa en extremo.
No ha ido a la escuela, mas es un excelente autodidacta.

4. *Oraciones conjuntivas causales.* Son dos o más oraciones donde una de ellas expresa una causa. La oración que expresa la causa está después de la conjunción. Emplea las conjunciones causales: porque, ya que, puesto que. Ejemplo:

No iré a mi país porque <u>no es el tiempo</u>.
causa

Evangelizan sin descanso puesto que <u>aman a las almas</u>.
causa

5. *Oraciones consecutivas.* Son oraciones donde una de ellas expresa la consecuencia que es el pensamiento que sobresale. Usa las conjunciones consecutivas: por tanto, por lo tanto, luego, pues, por consiguiente, etc. Ejemplo:

El filántropo tiene dinero, por lo tanto <u>hace donaciones</u>.
consecuencia

Mantengamos la fidelidad, pues <u>veremos a Dios</u>.
consecuencia

De lo expuesto se deduce que la oración que expresa la consecuencia está después de la conjunción.

6. *Oraciones conjuntivas finales.* Son oraciones donde una de ellas expresa un anhelo, propósito o finalidad. Emplea las conjunciones finales: para que, a fin de que, de modo que, etc. Ejemplo:

Cuida tu consagración, para que seas <u>feliz eternamente</u>.
finalidad

Trabaja sabiamente, a fin de que <u>tengas bienestar.</u>
                                                          finalidad

II. **Oraciones yuxtapuestas.** Es el conjunto de oraciones que sólo están unidas por signos de puntuación: comas o puntos y comas. Ejemplo:
Leamos las Sagradas Escrituras, comprendamos, seamos muy adoctrinados.
Cuando llegue la hora del culto nos pondremos de pie; luego cantaremos y alabaremos llenos de gozo; después nos sentaremos y escucharemos el mensaje.
«Llegué, vi, vencí.» JULIO CÉSAR.

ORACIONES COMPUESTAS SUBORDINADAS

Las oraciones compuestas subordinadas son aquellas cuyo sentido depende de la existencia de una oración principal o fundamental.
La oración principal tiene un sentido propio, completo y dominante.
Algo más, las oraciones subordinadas dependen de la principal, carecen de sentido completo por sí mismas y desempeñan el papel de complementos del sustantivo y del verbo.
Ejemplo:

<u>El Maestro recomendó</u> <u>que orásemos.</u>
     or. principal   or. subordinada
<u>Hablemos con cariño,</u> <u>que todos nos escucharán.</u>
     or. principal   or. subordinada

Clases: oraciones subordinadas sustantivas, oraciones subordinadas adjetivas y oraciones subordinadas adverbiales.
1. **Oraciones subordinadas sustantivas.** Son aquellas que en la oración compuesta desempeñan el papel de sustantivos.

Aclaración conveniente:

Primer ejemplo:

Propongamos una oración simple cuyo sujeto sea un sustantivo, luego cambiemos ese sustantivo por una oración que diga lo mismo; esa oración sustantivada desempeñará el papel de sujeto de la oración compuesta.

El hombre no retrocede ante el peligro (or. simple).
suj. = sust.   predicado

El que es hombre no retrocede ante el peligro (or.
suj. de la or. princ.   or. principal   comp.).
(oración sustantivada)

Segundo ejemplo:

Propongamos una oración simple con complemento directo, luego cambiemos el sustantivo usado por una oración que diga lo mismo; esa oración sustantivada desempeñará el papel de complemento directo.

Quiero tu atención (oración simple).
pred.   c. dir.

Quiero que me atiendas (oración compuesta).
or. princ.   or. sustantiva

CLASES DE ORACIONES SUBORDINADAS SUSTANTIVAS:

a. *Oraciones sustantivas sujetivas.* Son las que desempeñan el papel de sujeto de la oración principal. Ejemplo:

El qué dirán de los chismosos no me preocupa.
or. sust. sujetiva

b. *Oraciones sustantivas en oficio de complemento directo.* Son las que desempeñan el papel de complemento directo de la oración principal. Ejemplo:

Mucho aprecio que ores por mí.
c. directo

c. *Oraciones sustantivas en oficio de complemento in-*

107

directo. Desempeñan el papel de complemento indirecto de la oración principal. Ejemplo:

Cuida tu corazón <u>para que seas consagrado</u>.
                        c. indirecto

d. *Oraciones sustantivas en oficio de complemento circunstancial.* Ejemplo:

Camina <u>sin que nadie te oiga</u>.
              c. circ.

2. **Oraciones subordinadas adjetivas.** Son las que desempeñan el papel de adjetivos en la oración compuesta subordinada.
Ejemplo:

El esposo <u>bueno</u> merece aprecio (oración simple).
              adj.

El· esposo <u>que es bueno</u> merece aprecio (or. compuesta).   or. adjetiva

Clases: oraciones adjetivas especificativas y oraciones adjetivas explicativas.

a. *Oraciones adjetivas especificativas.* Son las que especifican o determinan una cualidad propia o permanente del sustantivo. Ejemplo:

El hombre <u>que es mortal</u> se afana en trabajar mucho.
              or. adj. espec.

David, <u>que es el poeta místico</u>, compuso los Salmos.
              or. adj. espec.

b. *Oraciones adjetivas explicativas.* Son las que mencionan una de las muchas cualidades pasajeras del sustantivo y siempre van entre comas. Ejemplo:

Ese hermano, <u>que camina rápido</u>, es líder juvenil.
                    or. adj. explic.

El joven, <u>que es disipado y vicioso</u>, termina mal.
                    or. adj. explic.

3. Oraciones subordinadas adverbiales. Son las que desempeñan en la oración compuesta el papel de adverbios. También con estas oraciones se trata de lograr una mayor significación de la oración principal. Ejemplo:

Ellos viven allí (oración simple).

Ellos viven <u>allí donde hoy es una avenida</u> (or. comp).
         or. subordinada adverbial

CLASES DE ORACIONES SUBORDINADAS ADVERBIALES:

a. *Oraciones adverbiales de tiempo.* Son las que modifican a la oración principal con una circunstancia de tiempo. Emplean los adverbios de tiempo: hoy, ayer, mañana, ahora, antes, etc. Ejemplo:

Todo será glorioso <u>cuando venga el Señor</u>.
              or. adv. de tiempo

b. *Oraciones adverbiales de lugar.* Modifican la significación de la oración principal con una idea de lugar. Usan los adverbios de lugar: aquí, allí, ahí, allá, lejos, cerca, fuera, etc. Ejemplo:

La dejé <u>donde ella me indicó</u>.
        or. adv. de lugar

c. *Oraciones adverbiales de modo.* Son las que modifican a la oración principal con una idea de modo. Usan los adverbios de modo: bien, mal, despacio, adrede, como, quedo, apenas, etc. Ejemplo:

«... Amarás a tu prójimo <u>como a ti mismo</u>» (Stg. 2:8).   or. adv. de modo

d. *Oraciones adverbiales comparativas.* Son las que establecen una apreciación o estimación cuantitativa entre dos conceptos comparados.
Estas oraciones son: comparativas de modo y comparativas de cantidad.

Comparativas de modo: indican una comparación entre los conceptos expresados en la oración principal y la subordinada. Llevan los adverbios: como, cual, tal cual, así como, etc. Ejemplo:

Elías oró <u>como un gigante de la fe.</u>
or. comp. dè modo

Muchos viven desordenadamente, <u>tal cual se comportan los insensatos.</u>
or. comp. dc modo

Oraciones comparativas de modo: son las que ponen de relieve los conceptos de igualdad, superioridad e inferioridad.

De igualdad: usan las expresiones: tanto como, tal como, etc. Ejemplo:
El joven David sabe *tanto como tú.*

De superioridad: usan las expresiones: más que, mejor que, etc. Ejemplo:
El atleta rindió *más que ayer.*
Este edificio es *mejor que aquel.*

De inferioridad: usan las expresiones: menos que, inferior que, menor que, etc. Ejemplo:
El asno es *menos ligero que el caballo.*
Newark es *menor que Nueva York.*

CONCORDANCIA

Concordancia es la armonía o conformidad que existe entre las palabras y sus respectivos accidentes.

Clases:
I. Concordancia de sustantivo y adjetivo.
II. Concordancia de sujeto y verbo.
III. Concordancia de relativo y antecedente.

110

I. Concordancia de sustantivo y adjetivo.

Regla general. El sustantivo y el adjetivo concuerdan en género y número. Ejemplo:

El gobernante sabio logra bienestar.
   sust.   adj.

En este ejemplo, el sustantivo *gobernante* está en género masculino y número singular, y el adjetivo *sabio* está igualmente en masculino y singular.

Las madres amorosas educan a sus hijos.
   sust.   adj.

En esta oración, el sustantivo *madres* está en femenino y plural, y el adjetivo *amorosas* en femenino y plural.

Casos particulares:

1. Varios sustantivos en singular masculino concuerdan con un adjetivo en plural masculino. Ejemplo:
   Carlos, Efraín, Pablo y David son *buenos*.
   Clavel, alhelí y lirio *hermosos* venden aquí.

2. Varios sustantivos femeninos en singular concuerdan con un adjetivo en plural femenino. Ejemplo:
   María, Isabel y Elizabeth son *virtuosas*.
   Camisa, corbata y joya *costosas* le regalaron.

3. Varios sustantivos en singular de diferente género concuerdan con un adjetivo en plural masculino. Ejemplo:
   Padre y madre *amorosos* enaltecen el hogar.
   Auto, bicicleta, microbús y herramientas *nuevos* donaron.

4. Varios sustantivos en singular femenino acompañados de un adjetivo masculino concuerdan con el adjetivo en plural masculino. (¿Por qué? Por la gran fuerza del masculino.) Ejemplo:
   Elsa, Violeta, Ana, Rosa y Juan son *consagrados*.
   Carta, tarjeta, esquela y cuadro *anticuados* inutilizaron.

111

5. Cuando un adjetivo antecede a varios sustantivos de diferente género, concuerda con el más próximo (con el que está a su lado). Ejemplo:
Buen alumno, alumna y profesora caminan.
Preciosa niña, niño y amiguitas juegan.
6. Cuando un sustantivo en singular femenino está acompañado por un *adjetivo compuesto*, el primer elemento del adjetivo va en masculino. Ejemplo:
La amistad *peruano*-argentina es firme.
La guerra *franco*-prusiana fue desastrosa.
La actuación *literario*-musical agradó a todos.
7. El adjetivo *medio* puede usarse en masculino o femenino. Ejemplo:
Medio mundo recorrió.
Media naranja comió.
Aclaración: el adverbio *medio* es invariable, no cambia:
Ella es *medio* loca.
Aquella es *medio* tonta.

II. **Concordancia de sujeto y verbo.**
Regla general: El sujeto y el verbo concuerdan en número y persona. Ejemplo:

La fe viva mueve montañas.
   sujeto   verbo

En este ejemplo, el sujeto *la fe viva* está en número singular y tercera persona, y el verbo *mueve* está en singular y tercera persona.

Los hermanos leen la Biblia.
   sujeto   verbo

Aquí el sujeto está en plural y tercera persona, el verbo está igualmente en plural y tercera persona.
Casos particulares:
1. Varios sujetos en singular concuerdan con un verbo en plural. Ejemplo:

Cielo y tierra pasarán.
  s.   s.   v.

Plata, oro y platino valen mucho.
  s.   s.   s.   v.

2. Varios sujetos seguidos de las palabras *todo, nada* y *nadie*, concuerdan con un verbo en singular. Ejemplo:

Distracciones, paseos, juguetes, todo agrada al niño.
                                        v.

Halagos, obsequios, viajes, nada le place.
                                      v.

Marcos, Rubén, Raúl, nadie supo la lección.
                                  v.

3. Cuando el adjetivo distributivo *cada* antecede a varios sujetos, el verbo concuerda en singular. Ejemplo: Cada padre, cada madre, cada hijo, tiene su preferencia.   v.

4. Cuando se usan sujetos de las tres personas, el verbo concuerda en plural, prefiriendo la primera persona sobre la segunda y la segunda sobre la tercera. Ejemplo:
Tú y yo *ayunaremos*.
Tú y ella *orasteis* fervorosos.

5. Varios sujetos sinónimos concuerdan con un verbo en singular porque la idea esencial es una. Ejemplo:
La paz y la tranquilidad *es* grata.
La santidad y la consagración le *igualó* con los demás.

6. Un sujeto colectivo concuerda con un verbo en singular. Ejemplo:
El rebaño *pace* cerca.
La multitud *aplaude* a su caudillo.

7. Cuando un sujeto colectivo aclara sus elementos y va

113

seguido de la preposición *de*, el verbo va en plural. Ejemplo:

El rebaño *de* ovejas <u>pacen</u> cerca.
v.

La multitud *de* trabajadores sindicalizados <u>aplauden</u>.
v.

III. **Concordancia de relativo y antecedente.**
Se trata del uso de los pronombres relativos: *que, quien, cualquiera* y *cuyo*.

1. *Que:* es invariable para el género y número; admite antecedente de persona y cosa. Ejemplo:

El <u>alumno</u> <u>que</u> estudia sabe.
   ant.   p.

Los <u>metales</u> <u>que</u> importan vienen de Sudamérica.
    ant.   p.

2. *Quien:* es invariable en género pero varía en el número y se convierte en *quienes*. Admite antecedentes sólo de personas. Ejemplo:

El <u>orador</u> <u>quien</u> habló es ingenioso.
   ant.   p.

Las <u>profesoras</u> <u>quienes</u> lograron premios son ellas.
    ant.   p.

3. *Cual:* varía en número y se convierte en *cuales*; para indicar el género usa los artículos masculinos *el* y *los* y los femeninos *la* y *las*. Admite antecedentes de persona, animal o cosa. Ejemplo:

Ellos son los <u>pastores</u> <u>con los cuales</u> clamo a Dios.
          ant.   p.

La <u>persona</u> <u>por la cual</u> oramos se convirtió.
    ant.   p.

4. *Cuyo:* varía para el género y número y se convierte en *cuya, cuyos, cuyas*. Concuerda con el *consecuente*

114

(sustantivo que le sigue). Ejemplo:

Aquel joven, cuya aspiración es ser médico, sonríe.
      p.   consecuente

La Biblia, cuyas páginas son bellas, es el libro de
          p.   consec.
revelación divina.

CONSTRUCCIÓN

La construcción es el capítulo de la sintaxis que trata sobre la correcta colocación o ubicación de las categorías gramaticales y de los elementos de la oración.

I. CONSTRUCCIÓN DE LAS CATEGORÍAS GRA-MATICALES.
1. **El artículo.** Se construye siempre antes del sustantivo:
   El hombre. *La* mujer. *Los* pinos. *Las* ovejas.
2. **El sustantivo.** Se construye después del artículo. Como sujeto de la oración va antes del verbo y como complementos después del verbo. Ejemplo:
   La *nube*. El *fuego*. Las *joyas*. Los *tesoros*.

Ese corito es vivaz.
    suj.   v.

Lectura impresionante escuchamos.
suj.   v.

Compraron víveres para su casa en el mercado.
   v.   sust.   sust.   sust.

3. **El adjetivo.** Se construye siempre al lado del sustantivo, los calificativos generalmente van después y los determinativos antes. Ejemplo:
   Funcionario *prudente*. Periodista *vivaz*.
   Ese amigo. *Mi* sombrero. *Cien* pasajeros.

115

NOTA: Cuando un adjetivo calificativo se coloca delante de un sustantivo y con una connotación especial o explicativa se llama *epíteto*. Ejemplo:

Mansa paloma.

Manso cordero.

Blanca nieve.

Pobre hombre.

4. **El pronombre.** Se construye en el mismo sitio del sustantivo al cual reemplaza: como sujeto antes del verbo y después del verbo como complementos. Ejemplos:

<u>El joven</u> descansa.   <u>La joven</u> descansa.
  sust.   sust.

<u>Él</u> descansa.   <u>Ella</u> descansa.
 p.   p.

<u>Vosotros</u> <u>comprasteis</u> flores <u>para ellas.</u>
  sujeto   verbo   comp. indir.

5. **El verbo.** Se construye entre el sujeto y los complementos. Ejemplo:

<u>Los cristianos</u> <u>somos</u> <u>dadores alegres.</u>
    sujeto   verbo   complemento

6. **El adverbio.** Se construye al lado de las palabras a las cuales modifica: verbo, adjetivo, adverbio. Ejemplo:

Llegará *mañana*. Es *muy* inteligente.

Vive *muy* cerca.

7. **La preposición.** Se coloca entre las palabras que enlaza, es decir, entre el *antecedente* y el *consecuente*. Ejemplo:

La <u>demostración</u> <u>de</u> <u>sabiduría</u> urge a todos.
      ant.   p.   consec.

8. **La conjunción.** Se coloca entre las palabras individuales o las oraciones que une. Ejemplo:

Verduras y frutas alimentan.
Llegaron los misioneros y presentaron sus informes.
9. **La interjección.** Se construye al comienzo, al medio o al fin de las oraciones. Ejemplo:

¡Ay! Cuánta degradación campea en el mundo.

Cuánta degradación, ¡ay!, campea en el mundo.

Cuánta degradación campea en el mundo, ¡ay!

II. CONSTRUCCIÓN DE LOS ELEMENTOS DE LA ORACIÓN.

1. **El sujeto:** se construye siempre antes del verbo:

La prudencia condiciona la seguridad.
sujeto   v.

2. **El verbo o predicado:** en las oraciones afirmativas se construye después del sujeto, pero en las oraciones interrogativas el verbo debe ir al comienzo de la oración. Ejemplo:

Tú asistes a la iglesia (afirmación).
    v.

¿Asistes tú a la iglesia? (interrogación).

3. **Los complementos.** El complemento del sujeto acompaña siempre al sustantivo, pero los complementos del verbo deben colocarse en este orden: primero el directo, luego el indirecto y finalmente el circunstancial. Ejemplo:

Multitud de santos adoran al Omnipotente.

Los apóstoles predicaron el evangelio a los gentiles
                              c. dir.   c. indir.

con valentía.
c. circ.

SINTAXIS REGULAR Y SINTAXIS FIGURADA

El ser humano puede expresar sus pensamientos prefiriendo un orden lógico o natural, o alterando dicho orden con el propósito de lograr belleza y amenidad; esto origina dos clases de sintaxis:

I. Sintaxis regular.
La sintaxis regular considera que el ser humano, por lo general, trata de expresar sus pensamientos en una forma lógica, natural y ordenada con el objeto de lograr mayor claridad y comprensión. Esto se cumple especialmente en los centros de educación.

La sintaxis regular está reflejada en el lenguaje de la familia, instituciones educacionales, lugares de trabajo, iglesia, vida social, etc.

El orden de los elementos de la sintaxis regular es como sigue: expresar primero el sujeto, luego el verbo y después los complementos directo, indirecto y circunstancial.

II. Sintaxis figurada.
El lenguaje humano trata también de ser ameno, atrayente y bello. Esto es otro gran recurso del lenguaje. No hay contradicción ni defecto al hablar impresionante y lindo.

La sintaxis figurada toma muy en cuenta que la persona en libre uso de su albedrío puede cambiar o alterar la ubicación de los elementos de la oración con el anhelo de lograr belleza, atención, complacencia, atracción, etc.

La sintaxis figurada consiste, pues, en alterar la colocación de los elementos de la oración: el sujeto puede ir al comienzo, en medio o al fin; el verbo lo mismo y con igual licencia los complementos. Ejemplo:

Sintaxis regular:

El predicador lee la Biblia para los oyentes en el estadio.
    sujeto   v.   c. dir.   c. indir.   c. circ.

118

Sintaxis figurada:
En el estadio, lee el predicador la Biblia para los oyentes.
Lee la Biblia el predicador en el estadio para los oyentes.
Para los oyentes, en el estadio la Biblia lee el predicador.
Otro ejemplo:
Yo elevé mi oración en el silencio de la noche (sintaxis regular).
En el silencio de la noche, mi oración elevé yo (sintaxis figurada).

FIGURAS DE CONSTRUCCIÓN

Se llaman figuras de construcción a los recursos del lenguaje consistentes en alterar el orden lógico de los elementos de la oración y en añadir o suprimir palabras con el objeto de lograr mayor vigor y belleza en la expresión.
Clases: hipérbaton, elipsis, pleonasmo, silepsis y traslación.
1. **Hipérbaton o inversión.** Consiste en invertir, con gusto y acierto, los elementos de la oración y lograr así amenidad, galanura y vigor. Ejemplo:
«*En el principio*, creó Dios los cielos y la tierra» (Génesis 1:1).
Para suplicarte, con todo mi corazón, vengo a ti, *hijo mío.*
El uso de la hipérbaton no debe oscurecer el lenguaje ni causar dudas, sino claridad y precisión.
2. **Elipsis.** Esta figura consiste en la supresión u omisión de otras en la oración, pero que no son necesarias cuando se trata de lograr fuerza y belleza. Ejemplo:

119

¡Buenos días!

Calla, escucha y aprende.

Se recomienda que la elipsis, al mismo tiempo que comunica rapidez y energía a la expresión, debe permitir al oyente o lector captar fácilmente las palabras que se omiten.

3. **Pleonasmo.** Consiste en usar palabras aparentemente innecesarias pero que son necesarias para dar mayor vigor y belleza a la expresión. Ejemplo:

Lo vi *con mis propios ojos.*

La acaricié *con mis propias manos.*

Las aves pasan volando *por el aire.*

Yo camino *con mis pies,* siempre apurado, *siempre* esperanzado.

La *redundancia,* repetición inútil de conceptos, debe omitirse y no debe expresarse. Ejemplos:

Hemorragia *de sangre.*

Subir *arriba.*

Bajar *abajo.*

Entrar *adentro.*

Salir *afuera,* etc.

4. **Silepsis.** Consiste en expresar una aparente falta de concordancia de género y número.

   a. *De género:* los sustantivos de tratamiento en femenino que se refieren a varón, concuerdan con un adjetivo en masculino:

      Su Majestad es *pacífico.*

      Su Excelencia es *generoso.*

   b. *De número:* se trata de sustantivos colectivos (en singular pero que en sí mencionan a muchos componentes) que permiten el uso de un verbo en plural:

      Gran multitud de gentes *vitorearon* a su líder.

      Una muchedumbre de redimidos *caminan* al cielo.

5. **Traslación o enálage.** Consiste en usar en la oración un modo por otro o un tiempo por otro.

a. *Modo:*
Me <u>devolverás</u> (por <u>devolvedme</u>) mi libro.
    <u>m. indicat.</u>   <u>m. imperat.</u>
Le <u>comprarás</u> (por <u>compradle</u>) un vestido.
    <u>m. indicat.</u>   <u>m. imperat.</u>

b. *Tiempo:*
<u>Mañana</u> <u>sale</u> el avión (por saldrá).
<u>futuro</u> <u>pres.</u>
Bolívar <u>vence</u> a los españoles (por venció).
         ˙<u>pres.</u>

Para los fines de la historia, se considera *tiempo histórico* el uso de los verbos en tiempo presente, pero habiendo ocurrido los hechos en el pasado, la expresión se considera normal.

VICIOS DE LENGUAJE

Se llaman vicios de lenguaje a todo atentado que se comete contra el lenguaje correcto o gramatical.

Los vicios de lenguaje más graves son dos: *barbarismos* y *solecismos*. Pero es pertinente incluir otros vicios como: cacofonía, hiato, monotonía o pobreza, redundancia, anfibología y oscuridad, neologismos, arcaísmos, extranjerismos, defectos de articulación o pronunciación, etc.

I. BARBARISMOS.
Son faltas o atentados contra la palabra individual, es decir, contra la morfología. Examinemos:

1. **Barbarismos de pronunciación.** Consiste en pronunciar mal una palabra:

incorrecto	*correcto*	*incorrecto*	*correcto*
diferiencia	diferencia	pescao	pescado
amol	amor	gayina	gallina

121

incorrecto	correcto	incorrecto	correcto
veldad	verdad	cabayo	caballo
señol	señor	pelegrino	peregrino
talde	tarde	güérfano	huérfano
arma	alma	reló	reloj
haiga	haya	güeso	hueso
cállesen	cállense	ojcuro	oscuro
páresen	párense	ecelente	excelente
siéntesen	siéntense	na	nada

2. **Barbarismos ortográficos.** Es la falta más generalizada. Consiste en usar una letra por otra, o sea escribir mal la palabra:

incorrecto	correcto	incorrecto	correcto
lijero	ligero	dicípulo	discípulo
tardansa	tardanza	cónyugue	cónyuge
provervio	proverbio	sinverguenza	sinvergüenza
travéz	través	bilingue	bilingüe
estrictés	estrictez	vívora	víbora
tenás	tenaz	pocesión	posesión
alcol	alcohol	polvadera	polvareda
garage	garaje		

3. **Barbarismos de acentuación.** Consiste en acentuar mal una palabra u omitir la tilde:

incorrecto	correcto	incorrecto	correcto
caractér	carácter	album	álbum
síncero	sincero	ultimatun	ultimátum
angel	ángel	memorandun	memorándum
carcel	cárcel	Gonzales	González
facil	fácil	Sanchez	Sánchez
méndigo	mendigo	váyamos	vayamos
acordion	acordeón	andó	anduvo
vejés	vejez	espúreo	espurio
périto	perito	ójala	ojalá
ileíble	ilegible	pónelo	ponlo

incorrecto	correcto	incorrecto	correcto
cabió	cupo	bendició	bendijo
futbol	fútbol	sinó	sino
neumonia	neumonía	carácteres	caracteres
hóstil	hostil		

II. SOLECISMOS. Son atentados o faltas contra las oraciones, es decir, contra la sintaxis. *Clases:* solecismos de concordancia y solecismos de construcción.

1. **Solecismos de concordancia.**

   a. *De sustantivo y adjetivo:* esta falta consiste en ignorar o desconocer que el sustantivo y el adjetivo concuerdan en género y número:
   La gente estuvo *horrorizado* (incorrecto).
   La gente estuvo horrorizada (correcto).
   Pidió *prestado* una vasija (incorrecto).
   Pidió prestada una vasija (correcto).
   La humanidad está *perdido* (incorrecto).
   La humanidad está perdida (correcto).
   Valor y calma *rara* (incorrecto).
   Valor y calma raros (correcto).
   Aquel alma (incorrecto).
   Aquella alma (correcto).

   b. *De sujeto y verbo:* los atentados consisten en desconocer que el sujeto y el verbo concuerdan en número y persona. Aquí se incluye el mal uso de los complementos que nunca concuerdan con los verbos:
   Amar y odiar *es* increíble (incorrecto).
   Amar y odiar son increíbles (correcto).
   ¿Qué hora *son*? (incorrecto).
   ¿Qué hora es? (correcto)
   Uno de Uds. lo *buscaron* (incorrecto).
   Uno de Uds. lo buscó (correcto).
   Nosotros éramos quienes *cantaban* (incorrecto).

123

Nosotros éramos quienes cantábamos (correcto).
El que suscribe este documento *declaro* (incorrecto).
El que suscribe este documento declara (correcto).
Esculpir *al* cincel (incorrecto).
Esculpir a cincel (correcto).
Aproveche *de* la ocasión (incorrecto).
Aproveche la ocasión (correcto).
Pon la carta *sobre* de la mesa (incorrecto).
Pon la carta sobre la mesa (correcto).
Yo *estás* mal (incorrecto).
Yo estoy mal (correcto).
c. *Uso incorrecto del pronombre y de la preposición.*
Volviste en *sí* (incorrecto).
Volviste en ti (correcto).
Les llamé ayer (incorrecto).
Los llamé ayer (correcto).
No *le* pido a Uds. nada (incorrecto).
No les pido a Uds. nada (correcto).
Estoy obligado *de* socorrerlo (incorrecto).
Estoy obligado a socorrerlo (correcto).
Mezclar una cosa *a* otra (incorrecto).
Mezclar una cosa con otra (correcto).
Se afana *de* gozar (incorrecto).
Se afana en gozar (correcto).
Pon las manos sobre *de* él (incorrecto).
Pon las manos sobre él (correcto).
2. **Solecismos de construcción.**
Son faltas contra la correcta ubicación o colocación de las palabras:
Se venden medias para *caballeros de seda* (incorrecto).
Se venden medias de seda para caballeros (correcto).
Ida y *vuelta de Lima* (incorrecto).
Ida a Lima y vuelta de ella (correcto).

Se venden camisas *con o sin* corbata (incorrecto).
Se venden camisas con corbata o sin ella (correcto).
Regresé *con* el tren (incorrecto).
Regresé en el tren (correcto).
No cae *en la* cuenta (incorrecto).
No cae en cuenta (correcto).
Llegó *de* casualidad (incorrecto).
Llegó por casualidad (correcto).
Se sentó *en* la mesa (incorrecto).
Se sentó a la mesa (correcto).

III. OTROS VICIOS DE LENGUAJE.
1. **Cacofonía o mal sonido.** Es la constante repetición de unas mismas palabras motivando un sonido desagradable.
   Mamá, mándame mandarinas maduras.
   Tontamente actuó el tonto de Tomás.
2. **Hiato.** Es el encuentro de las mismas vocales: terminal la una e inicial la otra:
   Llama a Ana.   Padre y hijo.
   Canto o oro.   Viajaba a África.
3. **Monotonía o pobreza.** Consiste en la repetición de las mismas palabras dando la sensación de una pobreza lingüística. Frecuentemente los verbos *ocupar* y *hacer* originan la monotonía pero cualquier palabra de la simpatía personal puede causarla:
   Ahora les expreso mi saludo, *ahora* reitero mi respeto, *ahora* trataré de decirles lo que siento y *ahora* comienzo.
   La *muletilla* es otro vicio que se incluye en la monotonía; consiste en que una persona se ha habituado con los mismos recursos de expresión y los repite sin cesar:
   Déjenme decirles... déjenme decirles... déjenme decirles.
   Me explico... me explico... me explico... me explico.

125

Como tú sabes... como tú sabes... como tú sabes.
¿Verdad?... ¿Verdad?... ¿Verdad?... ¿Verdad?
Este... este... este... este... este...
4. **La redundancia.** Es la repetición inútil de un concepto:
   Hemorragia de sangre. (La palabra hemorragia lleva la idea sangre.)
   Subir arriba. (Subir incluye la idea de altura.)
   Entrar adentro. (Entrar es ingresar.)
   Salir afuera. (Salir implica dejar el lugar interior.)
   Lapso de tiempo. (Lapso incluye la idea de tiempo.)
5. **Anfibología u oscuridad.** Es la falta de claridad en el lenguaje; consiste en el uso de frases u oraciones que producen confusión (muchas veces doble sentido o más de una interpretación):
   Fue a la oficina de Juan y allí vio a su hijo. (¿De quién, de él o de Juan?)
   Teresa salió al mercado con Isabel en su auto. (¿Auto de quién?)
6. **Neologismos.** Consiste en usar palabras nuevas que la Real Academia Española no las ha oficializado:
   Acharrarse: disgustarse, ponerse celoso.
   Aclimatamiento: aclimatación.
   Tartancho: tartamudo.
   Calimbar: marcar ganado.
7. **Arcaísmos.** Empleo de voces que ya se han dejado de usar.

vide... vi	facer... hacer
truje... traje	agora... ahora
maguer... aunque	desfacer... deshacer
infelice... infeliz	mansueto... manso

8. **Extranjerismos.** Es el uso de palabras de otros idiomas que atentan contra la pureza del idioma. Debe tenerse muy en cuenta que el castellano cuenta con más de cien mil voces. *Clases:*
   a. *Anglicismos:* uso de palabras del idioma inglés:

baby... nene	city... ciudad
field... campo	foul... falta
manager... jefe	ticket... cédula, vale

b. *Galicismos:* uso impropio de palabras francesas:

debut... presentación	affaire... asunto, pleito
sommer... colchón	chauvinista... patriotero
toilette... tocador, atavío	madame... señora

c. *Italianismos:* mal uso de palabras italianas:

canzonetta... canción	madona... señora
tutti... todos	vendetta... venganza
antipasto... entrada	condottiero... caudillo

DEFECTOS DE ARTICULACIÓN O PRONUNCIACIÓN

Estos defectos se originan por dos causas:

Primero: por causas de mala conformación orgánica, por impresiones violentas o causas patológicas. Es recomendable el oportuno tratamiento médico.

Segundo: la influencia del medio social. El lenguaje vulgar es más fácil de expandirse, los niños se ven contagiados por lo que escuchan y colectividades enteras pueden arraigar palabras mal pronunciadas. Educadores, personas cultas, líderes de iglesias, deben proseguir con su valioso esfuerzo corrigiendo esos defectos.

1. *La tartamudez.* Consiste en pronunciar con dificultad y repitiendo las sílabas de las palabras.
2. *La voz nasal.* La persona articula la palabra hablando más «con la nariz» que con la boca.
3. *Voz inspirada.* La persona demasiado sentimental o nerviosa interrumpe constantemente la normal pronunciación.
4. *El ceceo.* Consiste en pronunciar las letras *c, s* y *z* con el sonido de «*ce*».

5. El yeísmo. Es la sustitución de la consonante *ll* por *y*:

gayo por gallo poyo por pollo
cabayo por caballo siya por silla

6. *La lalación y el rotacismo*. La lalación consiste en usar la consonante *l* en lugar de *r*. El rotacismo emplea la consonante *r* en lugar de *l*.

Incorrecto	*Correcto*
El amol nos une.	El amor nos une.
Eso es veldad.	Eso es verdad.
Respeta a la mujel.	Respeta a la mujer.
Mi arma te alaba.	Mi alma te alaba.
Escuela Dominicar.	Escuela Dominical.
Tienes buen orfato.	Tienes buen olfato.

CAPÍTULO IV

Ortografía

CONCEPTOS PREVIOS

La familia cristiana escribe constantemente. En una y otra forma todos escribimos. Hemos intensificado, en estos últimos tiempos, la redacción o composición de una variedad de documentos y, junto a ellos, trataditos para la evangelización, periódicos, revistas, libros, etc.

La ejecución de estos escritos nos obliga a escribir correctamente; para ello debemos conocer bien el lenguaje y sus elementos componentes: palabras, sílabas y letras.

Las palabras se originan, y la Etimología estudia el origen de las palabras; éstas tienen sus propios significados, y la Semántica estudia el significado de ellas; de lo expuesto, la Etimología y la Semántica tienen que ver mucho con la correcta escritura.

En seguida, procurando lo esencial y sin ir al detalle, consideramos lo más importante de la Fonética y Ortología para los fines de la Ortografía.

DIPTONGOS Y TRIPTONGOS

I. DIPTONGO

Es la unión de dos vocales que se pronuncian en una sola emisión de voz y forman una sílaba.

Requisitos: para la existencia del diptongo se requiere la unión de una vocal fuerte y una débil. Dos vocales fuertes no forman diptongo.

Los diptongos en total son catorce: cuatro con cada una de las vocales fuertes y dos con las débiles. Veamos:

con «a» (4)
- ai... aire
- ia... piano
- au... pausa
- ua... guapeza

con «e» (4)
- ei... peine
- ie... cielo
- eu... euforia
- ue... cuello

con «o» (4)
- oi... oigo
- io... despacio
- ou... bou (pesca)
- uo... cuota

con «i»
- iu... ciudad

con «u»
- ui... cuidado

Disolución del diptongo. El diptongo se disuelve colocando la tilde o acento ortográfico sobre la vocal débil. Ejemplo:

María = Ma-rí-a
país = pa-ís
río = rí-o
dúo = dú-o

diría = di-rí-a
raíz = ra-íz
mío = mí-o
evalúo = e-va-lú-o

II. TRIPTONGO

Es la unión de tres vocales que se pronuncian en una sola emisión de voz y forman una sola sílaba.

Requisitos: para la formación del triptongo se requiere la unión de tres vocales: dos débiles y una vocal fuerte que debe ir en medio de las anteriores.

Los triptongos son pocos:

iai = pronunciáis, confiáis
uai = continuáis, amortiguáis
iei = rociéis, conferenciéis
uei, uey = santiguéis, buey
ioi = escorpioide, hioides

130

Disolución del triptongo. Se disuelve acentuando una de las vocales débiles:

queríais = que-rí-ais
veríais = ve-rí-ais
amaríais = a-ma-rí-ais
oraríais = o-ra-rí-ais

ORTOGRAFÍA

La Ortografía es la parte de la Gramática que se ocupa de la correcta escritura de las palabras y tomando en cuenta:

I. El uso de las letras.
II. El uso de los signos ortográficos o de acentuación.
III. El uso de los signos de puntuación.

USO DE LAS LETRAS

Uso de las letras mayúsculas.
Se escriben todas las palabras con mayúscula:
1. Títulos de libros, nombres de periódicos e instituciones:
GRAMÁTICA DE LA LENGUA ESPAÑOLA
«EL COMERCIO», «EL TIEMPO»
UNIVERSIDAD NACIONAL MAYOR
DE SAN MARCOS
DISTRITO HISPANO DEL ESTE
DE LAS ASAMBLEAS DE DIOS
2. Rótulos de anuncios, sellos de instituciones, placas, inscripciones en monumentos:
VIDRIERA POPULAR
CENTRO CULTURAL PUERTO RICO
HOMENAJE A ALBERTO EINSTEIN
«AQUÍ YACEN LOS RESTOS DEL LIBERTADOR
SIMÓN BOLÍVAR»

Llevan mayúscula inicial:
1. Palabras iniciales de todo escrito. Ejemplo: «En el principio creó Dios los cielos y la tierra» (Génesis 1:1).
   «Libro de la genealogía de Jesucristo» (Mateo 1:1).
2. Después del punto seguido, y punto y aparte. El punto final marca la conclusión de un escrito o la terminación de capítulos y grandes partes de una obra. Ejemplo:
   «Venga tu reino. Sea hecha tu voluntad, como en el cielo, así también en la tierra» (Mateo 6:10).
   «Jehová es mi pastor; nada me faltará. En lugares de delicados pastos me hará descansar» (Salmo 23:1).
3. Nombres y apellidos de personas y todos los sustantivos propios:
   Juan Pérez. Guillermina Hernández. Luis Soto.
   Daniel, Godofredo, Ernesto; Tomasa, Sara, Elizabeth.
   Tokio, Roma, Moscú; Nilo, Támesis; Everest, Aconcagua.
4. Palabras que se refieren a los atributos de Dios:
   El Creador, el Omnipotente, el Omnisciente, el Omnipresente, el Todopoderoso, el Altísimo, el Soberano, el Santo de Israel, el Mesías, el Redentor, el Salvador, el Rey de reyes y Señor de señores, el Revelador, el Consolador, etc., etc.

PRINCIPALES REGLAS
SOBRE EL USO DE LAS LETRAS

USO DE LA *B*
Se escriben con *b:*
1. Los infinitivos terminados en *bir:*
   escribir   recibir   prohibir

sucumbir   describir   cohibir
Excepciones: hervir, servir y vivir.

2. La terminación *bilidad:*
   amabilidad   posibilidad   permeabilidad
   afabilidad   contabilidad   debilidad
   Excepciones: movilidad y civilidad.

3. La terminación *bundo:*
   moribundo   furibundo   meditabundo
   vagabundo   nauseabundo   tremebundo

4. Las terminaciones *aba, abas, ábamos, abais, aban:*
   amaba   cantábamos   pensaban
   amabas   comprabais   hablaban

5. Las sílabas *bla, ble, bli, blo, blu; bra, bre, bri, bro, bru:*
   blando blindado blusa   brazo sobrina bruma
   buzo   vocablo   noble   breve broquel brutal

6. Las sílabas *bu, bur* y *bus* al comienzo de la palabra:
   buque   burla   busto
   buzo   burdo   buscar

7. Los prefijos *bi, bis* y *biz* que significan dos:
   bicolor   bisiesto   biznieto
   bípedo   bisagra   bizcocho

8. Los infinitivos de los verbos *beber, caber, haber,* y *saber,* y *sus derivados:*
   <u>beber</u> <u>caber</u> <u>deber</u>   <u>haber</u> <u>saber</u>
   bebió   cabe   debieron habrá sabido
   beberá cabía deberá   hubo   sabrá

9. Las palabras que comienzan con las sílabas *bien* o *bene:*
   bienaventurado bienalmente benevolencia
   bienvenido   bienestar   benemérito
   Excepciones: viento, vientre, Viena.

10. Se usa la *b* y no *v* al final de sílaba, al final de palabra y después de *m:*
    absoluto   baobab (árbol)   zambo
    obtener   nabab (autoridad) siembra

USO DE LA *V*

Se escriben con *v:*

1. Los adjetivos terminados en *ava, ave, avo, eva, eve, ivo, evo, iva:*

octava	grave	octavo	nueva
esclava	suave	esclavo	longeva
leve	nuevo	viva	activo
breve	longevo	decisiva	nocivo

2. Las palabras que comienzan por *vice, villa, villar:*

vicepresidente	Villadiego	Villar (pueblo)
viceministro	Villanueva	Villarcayo

Excepciones: bíceps, billar, bicéfalo (y los que llevan el prefijo *bi*).

3. Las palabras terminadas en *ívoro, ívora, viro, vira:*

carnívoro	hervíbora	triunviro	Elvira
omnívoro	frugívora	decenviro	

Excepciones: víbora.

4. Las sílabas que empiezan con *ad:*

adversidad	advertencia	adverso
advenimiento	adventista	adverbio

5. Después de *b* y *n:*

subversión	subvencionar	envidia
subvenir	obviar	envase

6. Formas de los verbos terminados en *servar:*

conservar	observar	reservar
conservó	observará	reservado

7. Los presentes de indicativo y subjuntivo, y el imperativo del verbo *ir:*

voy	vaya	ve tú
vas	vayas	vayamos nosotros

USO DE LA *C*

Se escriben con *c:*

1. La terminación *encia:*

decencia	inocencia	advertencia
clemencia	secuencia	tenencia

134

Excepciones: Hortensia.
2. La terminación *ancia:*

prestancia	ignorancia	importancia
estancia	vagancia	constancia

Excepción: ansia.
3. Las terminaciones diminutivas *ecito, ecillo* y sus femeninos:

lapicito	pececito	vientecillo
suavecita	amorcito	airecillo

4. Los verbos terminados en *cer:*

torcer	convencer	hacer
reconocer	deshacer	complacer

Excepciones: ser, coser, toser.
5. Las terminaciones *icia, icio, icie:*

pericia	indicio	planicie
malicia	vicio	calvicie

Excepción: alisios.
6. Plurales de los singulares terminados en *z:*

luz = luces	cruz = cruces	rapaz = rapaces
paz = paces	feroz = feroces	mendaz = mendaces

7. Derivados de los infinitivos terminados en *cer, ceder, cender:*

cocer = cocinado	proceder = proceda
conceder = concedió	retroceder = retrocedía
encender = encendió	ascender = ascenderá

USO DE LA *S*
Se escriben con *s:*
1. Después de *n* y *b:*

inspección	circunspecto	abstracto
inscribir	obstáculo	absoluto
inspirado	absolver	absolución

2. La terminación *ulsión:*

emulsión	expulsión
convulsión	compulsión

3. Las terminaciones *erso, ersa:*

135

reverso	perversa	viceversa
diverso	converso	adverso

4. La terminación superlativa *ísimo* y ordinales *ésimo:*

bellísimo	carísimo	trigésimo
sacratísimo	cuadragésimo	sexagésimo

5. Las terminaciones *oso, osa:*

precioso	graciosa	fastidioso
espacioso	deliciosa	pretenciosa

6. La terminación adjetival *sivo:*

compasivo	pasivo	aprehensivo
expresivo	desaprensivo	aprensivo

7. Los gentilicios terminados en *ense:*

londinense	estadounidense	canadiense
parisiense	costarricense	filipense

Excepción: vascuence.

USO DE LA Z

Se escriben con *z:*

1. Los verbos terminados en *izar:*

aterrizar	finalizar	atemorizar
acuatizar	polemizar	perennizar

2. La terminación *anza:*

pitanza	cobranza	confianza
panza	matanza	danza

3. Las terminaciones *izo, iza:*

antojadizo	cobertizo	paliza
mestizo	postizo	ceniza

4. Final de abstractos *anza, ez, eza:*

confianza	sencillez	fineza
desconfianza	vejez	pobreza

5. Las terminaciones patronímicas *az, ez, iz, oz, uz:*

Díaz	Pérez	Muñoz	Muñiz	Ferruz
López	Hernández	Almandoz	Ruiz	Reluz

Excepción: Garcés.

USO DE LA *G*

Se escriben con *g:*

1. Los prefijos *geo* y los sufijos *gero:*
   geógrafo   flamígero
   geometría   armígero
2. Las combinaciones *gel, geo, gia, gión, gis:*
   ángel   abigeo   nostalgia   religión   legislativo
   Argel   geofagia neuralgia   legión   legislador
   Excepciones: bajel (barco).
3. Los verbos terminados en *ger, gir, igerar:*
   recoger   mugir   aligerar
   converger   elegir   morigerar
   Excepciones: crujir, tejer, desquijarar (deshacer las quijadas).
4. La sílaba *ges:*
   gesto   gestación   digestión
   gestión   gesticular   gestar
   Excepción: majestad.
5. La sílaba *gen:*
   gente   virgen   insurgente
   tangente   margen   cotangente
   Excepciones: jengibre, ajenjo, comején, avejentar, jején (mosquito).

USO DE LA *J*

Se escriben con *j:*

1. Las formas verbales con sonido *je, ji:*
   conduje   reproduje   extrajimos
   reduje   condujeron   trajiste
2. Las palabras terminadas en *aje, eje, uje, jería:*
   menaje   hereje   produje   relojería
   carruaje teje   induje   granjería
   Excepciones: enálage, ambages, auge.
3. Derivados de los verbos terminados en *ger* y *gir*, y delante de *o* y *a:*
   recojo (recoger)   dirijo (dirigir)

137

proteja (proteger)   elija (elegir)
4. Voces con el sonido fuerte *ja, jo, ju:*
   jaque   joven   júbilo
   jarro   joya   judío
5. La terminación *jear* de cualquier verbo:
   granjear   hojear   forcejear
   navajear   ojear   chantajear

USO DE LA *H*
Se escriben con *h:*
1. Las palabras que comienzan con los sonidos *idr, ipo, iper, osp:*
   hidrógeno   hipocondria   hipertrofia   hospital
   hidrográfico hipódromo   hipertensión   hospitalario
   Excepción: ipecacuana.
2. Todos los tiempos y formas del verbo haber:
   habrá   hubo   habido
   haya   hubiese   habiendo
3. Toda palabra que comienza con el diptongo *ue:*
   hueso   huelga   huérfano
   hueco   huevo   huerto
4. Palabras que al originarse del latín cambiaron la *f* por *h:*
   hacer (facere)   hembra (fembra)
   hijo (filius)   harina (farina)
   hermoso (fermoso)   hervir (fervire)

USO DE LA *M*
Se escribe con *m:*
1. Antes de *b* y *p:*
   ambos   hambre   compás
   temblor   corromper   impulso
2. Antes de *n:*
   alumno   himno   indemnizar
   gimnasia   solemne   gimnasta
   Excepciones: perenne, sinnúmero.

138

3. Al final de palabras de origen extranjero, generalmente del latín:

ultimátum	vademécum
álbum	memorándum

USO DE LA R y RR
Se escribe con r:
1. Si el sonido es suave se escribe *en medio* y *al fin* de palabra:

blancura	imperio	preciosura
pesar	salir	distinguir

2. Después de *l, n, s:*

malrotar	honrado	Israel
malrotador	Conrado	israelita

3. Con sonido fuerte al principio de la palabra:

rico	ruta	Roma
rama	risa	rabia

4. La doble *rr* se escribe entre dos vocales y las palabras compuestas:

socorrer	chismorreo	pelirrojo
correo	chisporroteo	desherrar

USO DE LA X
Se escriben con x:
1. Los prefijos *ex* y *extra:*

exprofeso	experto	extranjero
exalumno	extrovertido	extraordinario

2. Antes de las sílabas *pla, plo, pre, pri:*

explanación	explotación	expreso	exprimir
explayarse	exploración	expresivo	exprimidero

Excepciones: esplendor, espliego (planta).
3. Entre una vocal y una *h:*

exhumación	exhalar	exhortación
exhausto	exhaustivo	exhibición

USO DE LA *Y*

Se escribe con *y:*

1. Usándola como conjunción copulativa (reemplazando a la *i*):

   Noche y día.   Lee y estudia.
   Puente y carretera.   Mira y sonríe.

2. Después de los prefijos *ad, dis, sub:*

   disyunción   subyacente   adyacente
   disyuntiva   subyugar

3. Al principio de palabra y cuando le sigue una vocal:

   yo   Yolanda   yerno
   yarda   yacimiento   yuca

IMPORTANTES CONSIDERACIONES ORTOGRÁFICAS

1. Las palabras derivadas y compuestas conservan la forma ortográfica de los vocablos originales:

   novato (nuevo)   vagabundo (vagar)
   convergente (converger)   vacante (vacar)
   convulsionado (convulsionar) subrayado (rayar)

2. La Real Academia Española ha autorizado:

   a. La supresión de la *p* inicial en las palabras que comienzan con la raíz griega *psi*, pudiendo escribirse:

      psicología o sicología, psiquiatra o siquiatra, psicólogo o sicólogo, etc.

   b. La supresión de la *n* y *b* intermedias:

      transporte o trasporte, transparente o trasparente, obscuro u oscuro, etc.

   c. La supresión de la *p:*

      septiembre o setiembre, inscripto o inscrito, suscripto o suscrito, séptimo o sétimo, etc.

3. Las palabras compuestas se pueden escribir de tres maneras: juntas, juntas o separadas, y separadas.

a. *Juntas:* asimismo, sordomudo, sinnúmero, además, anteayer, acaso, siempreviva, adelante, padrenuestro, etc.

b. *Juntas o separadas:*

adentro = a dentro	entretanto = entre tanto
enfrente = en frente	apenas = a penas
aprisa = a prisa	enseguida = en seguida

c. *Separadas:*

a propósito	en medio	de prisa
en donde	en tanto	ante todo

4. Toda palabra extranjera no castellanizada mantiene la ortografía de la lengua de su procedencia: Wesley, Goethe, Einstein, Paganini, Dostoievski, etc.

5. Toda palabra extranjera al pasar al castellano acata las reglas de la Fonética y Ortología castellanas:

Londres (London)	Burdeos (Bourdeaux)
gol (goal)	mitin (meeting)
vagón (wagon)	clisé (cliché)

PALABRAS DE DOBLE ORTOGRAFÍA

Palabras de doble ortografía son aquellas que pueden escribirse de dos maneras indistintamente, o de diferente escritura e idéntico sentido.

con a

abalizar	balizar	acimut	azimut
abotagarse	abotargarse	anteanoche	antenoche
abuelo	agüelo	apalear	palear
acepillar	cepillar	armario	almario
acera	hacera	arvejal	arvejar
achicoria	chicoria	arriero	harriero
adormilarse	adormitarse	asemejarse	semejarse
alhelí	alelí	atenacear	atenazar
amedrentar	amedrantar	atrancar	trancar

141

| amojonar | mojonar | afín | afine |
| amueblar | amoblar | ázimo | ácimo |

con b

balandro	balandra	barnizar	embarnizar
bálano	balano	batahola	bataola
bambolear	bambalear	biselar	abiselar
barahúnda	baraúnda	bisnieto	biznieto
bisílabo	disílabo	burujo	borujo

con c

cabrestante	cabestrante	cóccix	coxis
calcañar	calcañal	cociente	cuociente
canturriar	canturrear	conterráneo	coterráneo
canuto	cañuto	contornear	contornar
carbunco	carbunclo	convergir	converger
cenit	zenit	correveidile	correvedile
centellear	centellar	cuáquero	cuákero
czar	zar	czarina	zarina

con ch

| champaña | champán | charolar | acharolar |
| chapurrar | chapurrear | chipriota | chipriote |

con d

| desapego | despego | descolorar | decolorar |
| disección | disecación | | |

con e

enhorabuena	norabuena	escupitina	escupetina
enranciarse	arranciarse	excoriación	escoriación
entremeter	entrometer		

con f

facsímil	facsímile	forcejar	forcejear
femineidad	feminidad	fraile	fray
festonear	festonar	frejol	frijol
fideicomiso	fidecomiso	furúnculo	forúnculo

142

		con *g*	
galopar	galopear	golosinear	golosinar
garguero	gargüero	grujir	brujir
gigote	jigote	guardarnés	guarnés

		con *h*	
hégira	héjira	hierba	yerba
hender	hendir	holgorio	jolgorio
herbajar	herbajear	humareda	humarasca
hexagonal	sexagonal	hurraca	urraca
hiedra	yedra	harmonía	armonía
harpía	arpía	harpillera	arpillera
harpa	arpa	higuana	iguana
halda	falda	hanega	fanega
herreruelo	ferreruelo	hierro	fierro
humosidad	fumosidad		

		con *i*	
ictericia	tiricia	ilion	íleon
innocuo	inocuo	investir	envestir
irreducible	irreductible		

		con *j*	
jenízaro	genízaro	jerbo	gerbo

		con *k*	
kilo	quilo	kiosco	quiosco
kurdo	curdo	kirie	quirie

		con *l*	
lagrimoso	lacrimoso	legaña	lagaña
legible	leíble	lezna	lesna

		con *m*	
mahonesa	mayonesa	mezcolanza	mescolanza
majestuoso	majestoso	mínimo	mínimum
manzanar	manzanal	minorar	aminorar
martillar	martillear	moblaje	mueblaje
máximo	máximum	morbididad	morbilidad

medieval	medioeval	memorando	memorándum
mnemotecnia	nemotecnia	mnemotécnico	nemotécnico

con *n*

nacarado	anacarado	neocelandés	neozelandés
nervosidad	nerviosidad	nubloso	nuboso

con *o*

obscuro	oscuro	obscurantismo	oscurantismo
obscurecer	oscurecer	obscuridad	oscuridad
ónice	ónix		

con *p*

pagel	pajel	palitroque	palitoque
parvedad	parvidad	petizo	petiso
pespuntar	pespuntear	pezuña	pesuña
pijama	piyama	platanar	platanal
pléyades	pléyadas	presidiario	presidario
pudrir	podrir	pseudo	seudo
psicoanálisis	sicoanálisis	psicología	sicología
psicólogo	sicólogo	psicópata	sicópata
psicoterapia	sicoterapia	psiquiatría	siquiatría

con *q*

quermes	kermes	querubín	querube
quizá	quizás		

con *r*

reembolsar	rembolsar	remangar	arremangar
reembolso	rembolso	rempujar	empujar
reemplazar	remplazar	revoltillo	revoltijo
riguroso	rigoroso	rodear	arrodear
resalera	rosaleda		

con *s*

salivazo	salivajo	subscribir	suscribir
salpullir	sarpullir	subscripción	suscripción
salvaguardia	salvaguarda	subscriptor	suscriptor
salvamento	salvamiento	subscrito	suscrito

144

septiembre	setiembre	substancial	sustancial
séptimo	sétimo	substantivar	sustantivar
serrín	aserrín	substantivo	sustantivo
silabear	silabar	substitución	sustitución
simplista	simplicista	substituible	sustituible
sobreexcitar	sobrexcitar	substracción	sustracción
sobreexceder	sobrexceder	substraer	sustraer
sondar	sondear		

con *t*

tifus	tifo	tintinar	tintinear
transandino	trasandino	translación	traslación
transatlántico	trasatlántico	translúcido	traslúcido
transbordar	trasbordar	transmutar	trasmutar
transcribir	trascribir	transparente	trasparente
transformar	trasformar	transponer	trasponer

con *u*

| ubicuidad | ubiquidad | usurear | usurar |

con *v*

vagabundear	vagamundear	varice	variz
vagabundo	vagamundo	ventiscar	ventisquear
vahear	vahar	vitorear	victorear
vahído	vaguido	vivaque	vivac
valuar	avaluar		

con *y*

| yacente | yaciente | yámbico | jámbico |

con *z*

zafiro	zafir	zeda	ceda o zeta
zaragutear	zarabutear	zelandés	celandés
zarrapastroso	zaparrastroso	zeugma	zeuma
¡zas, zas!	¡zis, zas!	zedilla	cedilla

145

PALABRAS QUE CARECEN DE SINGULAR

albricias	cosquillas	maitines
andurriales	creces	ínfulas
antiparras	crisis	grillos (de metal)
anales	efemérides	manes
angarillas	enseres	nupcias
añicos	esponsales	penates
carnestolendas	exequias	preces (ruego)
comicios	fauces	víveres

EL USO DE LOS SIGNOS ORTOGRÁFICOS O DE ACENTUACIÓN

EL ACENTO

Cuando pronunciamos una palabra notamos que una de sus sílabas requiere mayor intensidad de voz.

Acento. Es la mayor fuerza de voz que carga sobre determinada sílaba de una palabra.

Al mencionar las palabras ado*ración* y ala*banza* constatamos que las sílabas *ción* y *ban* se pronuncian con mayor intensidad de voz, las otras sílabas suenan con suavidad.

SÍLABAS TÓNICAS Y SÍLABAS ÁTONAS

1. **Sílabas tónicas** son las que se pronuncian con mayor fuerza de voz. Ejemplo:
   a*mor*, cora*zón*, *ca*sa, *án*gel, *cán*taro
   Las sílabas *mor*, *zón*, *ca*, *án*, *cán*, son tónicas.
2. **Sílabas átonas** son las que se pronuncian con menor fuerza de voz. Ejemplo:
   *a*mor, *cora*zón, ca*sa*, án*gel*, cán*taro*.
   Las sílabas en cursiva son átonas.

146

ACENTO PROSÓDICO
Y ACENTO ORTOGRÁFICO

1. **El acento prosódico** consiste en la mayor pronunciación de determinada sílaba de una palabra, *carece de signo*. Ejemplo:
   *cie*lo, *ma*no, *o*jo, a*zul*, pa*red*, tole*rar*.
   Las sílabas *cie, ma, o, zul, red, rar*, tienen acento prosódico.
2. **El acento ortográfico** es una rayita oblicua (´), llamada tilde o virgulilla, que se coloca sobre la vocal de una sílaba e indica su mayor pronunciación. Ejemplo:
   re*vés*, ala*bó*, *fá*cil, ca*rác*ter, *cán*taro, ado*ró*le.
   Las sílabas en cursiva tienen acento ortográfico.

CLASES DE PALABRAS POR EL ACENTO

1. **Palabras agudas.** Son aquellas cuya *última sílaba* requiere mayor fuerza de voz:
   re*loj*, ver*dor*, a*jí*, ce*bú*, te*naz*.
2. **Palabras llanas o graves.** Son aquellas cuya *penúltima sílaba* se pronuncia con mayor vigor:
   *ni*ño, *pe*ra, ban*que*te, *frá*gil, *ál*bum, muche*dum*bre.
3. **Palabras esdrújulas.** Son aquellas cuya *antepenúltima sílaba* lleva mayor fuerza de voz:
   *ál*gido, *má*quina, ar*cán*geles, a*lá*bale, res*pé*tale.
4. **Palabras sobresdrújulas.** Son aquellas cuya *trasantepenúltima sílaba* se pronuncia con mayor esfuerzo:
   *pré*miesele, en*tré*guesele, con*súl*tesele.

REGLAS DE LA ACENTUACIÓN ORTOGRÁFICA

1. **Las palabras agudas** llevan acento ortográfico cuando terminan en vocal o en las consonantes *n* y *s:*

147

papá, mamá, café, maní, dominó, Perú, ambigú
compás, revés, través, sabrás, tenéis, habláis
pasión, unción, religión, renegón, cabezón.
2. **Las palabras llanas o graves** llevan acento ortográfico cuando terminan en cualquier consonante menos en *n*, *s* y en las vocales:
árbol, frágil, volátil, fértil, grácil
álbum, ultimátum, memorándum, desiderátum
carácter, mártir, alcázar, vómer, cáncer
lápiz, cáliz, Pérez, Meléndez, Hernández.
3. **Las palabras esdrújulas** se acentúan sin excepción:
álgido, terrícola, cáscara, déficit, médico.
4. **Las palabras sobresdrújulas** también se acentúan sin excepción:
hábilmente, fácilmente, adjudíquesele, prémiesele.

OTRAS REGLAS PARA LA ACENTUACIÓN

1. El acento ortográfico se usa para disolver diptongos y triptongos:
maíz, raíz, iría; veríais, amaríais.
No llevan tilde: obstruido, instruido, fluido.
2. Por regla general, los monosílabos no llevan tilde
. (excepto cuando hay que distinguir una categoría de otra):
Dios, pan, fe, sol, al, del, hoy, en, cien, mil.
3. La conjunción *o* no lleva tilde excepto cuando va entre cifras para no confundirse con un *0* (cero):
4 ó 6; 10 ó 20.
4. La palabra *aún* lleva tilde cuando puede reemplazarse por *todavía*, pudiendo ir antes o después del verbo:
Aún no sabe su deber. No sabe *aún* su deber.
Aun no lleva tilde cuando significa hasta, también, inclusive:
Eso *aun* los niños lo entienden (hasta).

148

5. *Las palabras compuestas*. Por regla general, mantienen el acento de las palabras simples (caso de los adverbios de modo):
débilmente (débil + mente),
cortésmente (cortés + mente).
Pero si el primer componente lleva el acento ortográfico, éste desaparece al unirse y el segundo elemento acata las reglas de la acentuación:
decimoséptimo (décimo + séptimo),
decimoquinto (décimo + quinto).
Cuando las palabras compuestas están unidas por un guión cada elemento conserva su propia acentuación:
Latino-América sufre seria crisis económica.
El momento histórico-cultural-espiritual que vivimos es sin igual.

6. Las palabras *bíceps* y *tríceps* llevan tilde por decisión de la Real Academia Española.

7. Las palabras al pasar del singular al plural mantienen el mismo acento que el singular. Se exceptúan:
carácter = caracteres, régimen = regímenes.

8. Las formas verbales que tengan acento ortográfico la conservarán aun cuando lleven al final los pronombres enclíticos:
levantóse (levantó + se), amóle (amó + le),
alegróse (alegró + se), salvóse (salvó + se).

9. Las formas verbales *fue, fui, vio* y *dio* no llevan tilde. *(Gramática de la Real Academia Española*, 1959).

10. Las letras mayúsculas, por recomendación de la Real Academia Española, deben llevar acento ortográfico según les corresponda.

ACENTO DIACRÍTICO O ESPECIAL

Hay palabras de una o más sílabas que se escriben con las mismas letras pero tienen significados distintos, para diferenciarlas se utiliza el acento diacrítico.

Acento diacrítico. Es el acento ortográfico que sirve para distinguir una categoría gramatical de otra. Veamos:

a. Pronombres demostrativos y adjetivos demostrativos.

   Pronombres: éste, ése, aquél, etc. Llevan tilde.

   Adjetivos: este, ese, aquel, etc. No llevan tilde.

b. Pronombres personales y adjetivos posesivos.

   Mí = pronombre. Eso es para mí.

   Mi = adjetivo. Mi Biblia es nueva.

   Tú = pronombre. Tú eres muy prudente.

   Tu = adjetivo. Cuida tu bendición.

c. Sustantivo y pronombre.

   Té = sustantivo. Tomaste sabroso té.

   Te = pronombre. Te admiran todos.

d. Verbo y pronombre.

   Sé = verbo saber. Yo sé de tu amor al Señor.

   Se = pronombre reflexivo. Pilatos se lavó las manos.

e. Adverbio, conjunción, sustantivo y adjetivo.

   Más = adverbio. Hermano, avanza más y más.

   Mas = conjunción. No trabaja mas gasta.

   Sólo = adverbio. Sólo piensas en tu casa.

   Solo = sustantivo. Escucharon un solo de violín.

   Sólo = adjetivo. Sólo Dios es Omnisciente.

f. Verbo y preposición.

   Dé = verbo dar. Espero que él te lo dé.

   De = preposición. Estamos en el tiempo de cosechar.

g. Los pronombres relativos interrogativos y exclamativos llevan tilde:

   ¿Qué? ¿Quién? ¿Cuál? ¿Cúyo?

   ¡Qué! ¡Quién! ¡Cuál! ¡Cúyo!

h. Pronombre, adverbio y conjunción.

   Sí = pronombre. Se desmayó pero volvió en sí.

   Sí = adverbio. Garantizan que sí sabe.

   Si = conjunción. Si puedes vienes temprano.

NUMERACIÓN ROMANA

Como la numeración romana se estructura a base de letras mayúsculas, es pertinente que la incluyamos aquí. La numeración romana se usa:

1. En las inscripciones de fechas de los monumentos.
2. En la cronología, para el cómputo de los tiempos.
3. Para ordenar los tomos, secciones y capítulos de libros.
4. Tradicionalmente se usa en la esfera de relojes.

La numeración romana emplea siete letras mayúsculas.

I = 1	X = 10	C = 100	M = 1000
V= 5	L = 50	D = 500	

REGLAS PALA LA ESCRITURA DE LA NUMERACIÓN ROMANA:

1. Una letra no debe emplearse más de tres veces y en especial éstas: I - X - C - M.
2. Deben usarse las menos letras posibles:
   IX (y no VIV) = 9; XC (y no LXL) = 90
3. Una letra colocada a la derecha de otra aumenta su valor:
   I + I = 2; X + X = 20; C + C = CC = 200
4. Una letra de menos valor a la izquierda de otra mayor, disminuye su valor:
   IV = 4, XL = 40, CD = 400
5. Las letras V, L, D, nunca se repiten, hay equivalentes para su duplicación.
6. Una raya colocada sobre una letra multiplica su valor por mil, y dos rayas por un millón:

$$\overline{X} = 10.000, \quad \overline{C} = 100.000, \quad \overline{\overline{X}} = 10.000.000$$

EJEMPLOS DE NUMERACIÓN ROMANA

1	I	uno	31	XXXI	treinta y uno
2	II	dos	32	XXXII	treinta y dos
3	III	tres	33	XXXIII	treinta y tres
4	IV	cuatro	34	XXXIV	treinta y cuatro
5	V	cinco	35	XXXV	treinta y cinco
6	VI	seis	36	XXXVI	treinta y seis
7	VII	siete	37	XXXVII	treinta y siete
8	VIII	ocho	38	XXXVIII	treinta y ocho
9	IX	nueve	39	XXXIX	treinta y nueve
10	X	diez	40	XL	cuarenta
11	XI	once	50	L	cincuenta
12	XII	doce	60	LX	sesenta
13	XIII	trece	70	LXX	setenta
14	XIV	catorce	80	LXXX	ochenta
15	XV	quince	90	XC	noventa
16	XVI	dieciséis	100	C	cien
17	XVII	diecisiete	200	CC	doscientos
18	XVIII	dieciocho	300	CCC	trescientos
19	XIX	diecinueve	400	CD	cuatrocientos
20	XX	veinte	500	D	quinientos
21	XXI	veintiuno			
22	XXII	veintidós	600	DC	seiscientos
23	XXIII	veintitrés	700	DCC	setecientos
24	XXIV	veinticuatro	800	DCCC	ochocientos
25	XXV	veinticinco	900	CM	novecientos
26	XXVI	veintiséis	1000	M	mil
27	XXVII	veintisiete	1990	MCMXC	mil novecientos noventa
28	XXVIII	veintiocho			
29	XXIX	veintinueve	2000	MM	dos mil
30	XXX	treinta	2001	MMI	dos mil uno

ABREVIATURAS

Abreviatura. Es la representación de palabras con menos letras. Deben suprimirse cuando menos dos letras y, luego, colocar siempre el punto final. Su empleo debe ser moderado.

ALGUNAS ABREVIATURAS DE CARÁCTER GENERAL
Y COMERCIAL

a.: aérea
AA.: autores
@: arroba
a/c.: a cargo, a cuenta
Admón.: administración
a/fecha: a la fecha
apóst.: apóstol
art.: artículo
atto.: atento
Atto. y S.S.: atento y
   seguro servidor
cap.: capítulo
Cía.: compañía
cta.cte.: cuenta corriente
Dr.: Doctor
c/u.: cada uno
doc.: docena
etc.: etcétera
gro.: giro
g. pl.: giro postal
igl.: iglesia
J.C.: Jesucristo
Lic.: Licenciado
mañ.: mañana
mart.: mártir
m/ch.: mi cheque
Nº: número

A.: Alteza
D.: Don
Exc.: Excelentísimo
Rev.: Reverendo
Sr.: Señor
Sra.: Señora
Srta.: Señorita
SS.: Santísimo
Ud.: Usted
Uds.: Ustedes
cgo.: cargo
ch/.: cheque
d/f.: días fecha
fact.: factura
m/c.: mi cuenta
v/.: vista
o/.: orden
pl.: plazo
p. pdo.: próximo pasado
r/.: remesa
S.A.: Sociedad Anónima
S. en C.: Sociedad en Co-
   mandita
Sdad. Ltda.: Sociedad Limitada
S.E. u O.: Salvo error u omisión

153

nta.: nota
pág.: página
pbro.: presbítero
%: por ciento
P.D.: posdata (Post Data)
F.C.: ferrocarril

rec.: recibo
s/pol.: su póliza
transf.: transferencia
v/c.: vuelta de correo
Vº Bº: visto bueno
liq.: líquido
S.G.: señor gerente

SIGLAS

Son letras iniciales que abrevian dos o más palabras.
ONU: Organización de las Naciones Unidas.
OTAN: Organización del Tratado del Atlántico Norte.
OEA: Organización de los Estados Americanos.
OIT: Organización Internacional del Trabajo
UNISIST: Sistema Mundial de Información y Documentación Científica y Tecnológica.

SIGNOS DE PUNTUACIÓN

Los signos de puntuación o los signos auxiliares de escritura son el conjunto de signos empleados para lograr mayor comprensión y claridad de lo que se escribe y una adecuada pausa, énfasis y entonación en la lectura.

De lo expuesto, estos signos se refieren a *la pausa, entonación* y *distribución.* Tenemos:

1. *Referentes a las pausas:*
   Coma . . . . . . (,)   Dos puntos . . (:)
   Punto y coma . (;)   Punto final . . (.)

2. *Tocantes a la entonación:*
   Puntos suspensivos (...) Paréntesis . . . . . ( )
   Interrogación . . . . (¿?) Crema o diéresis . (¨)
   Admiración . . . . . (¡!)

154

3. *Referentes a la distribución:*
Comillas . . . («»)   Dos rayas . . . (=)
Guión . . . . . (-)   Asterisco . . . (*)
Raya . . . . . . (–)   Párrafo . . . . . (§)

USO DE LA COMA

La coma indica una pausa breve en la lectura.
Se usa:

1. Para separar las enumeraciones:
Génesis, Éxodo, Levítico, Números y Deuteronomio forman el Pentateuco.
Niños, jóvenes, adultos, ancianos de la congregación y visitantes fueron motivo de obsequios.
2. Para separar el vocativo (ver el accidente caso). Todo vocativo irá seguido de coma, encerrado entre comas y antecedido de coma:
Jehová, tú creaste con poder y amor todo lo que existe.
Tú creaste con poder y amor, Jehová, todo lo que existe.
Tú creaste con poder y amor todo lo que existe, Jehová.
3. Para separar el lugar, de la fecha en las cartas y demás correspondencias:
Nueva York, 31 de julio de 1990.
4. Para separar frases y oraciones cortas:
El evangelista llegó, preparó su mensaje, predicó y prosiguió su viaje.
5. Para aislar frases explicativas, oraciones de relativo o aposiciones que pueden suprimirse:
José, el niñito precioso, ya sabe orar.
Lucas, que fue médico, escribió sobre el Hijo del Hombre.
Pablo, el apóstol de la doctrina, murió en victoria.
Aposición: consiste en mencionar consecutivamente

155

sin conjunción dos o más sustantivos que denotan una misma persona o cosa.

6. Las expresiones: finalmente, por último, en efecto, sin embargo, sin duda, esto es, a saber, no obstante, en fin, por consiguiente, deben separarse por medio de comas:
Él entiende, en efecto, que su dicho es indiscutible.
Diré, finalmente, que todo saldrá bien.
Y, por último, tratarás de cuidarte en todo momento.

7. Para indicar la elipsis de un verbo:
Ella es pentecostal, su vecina, metodista.
(Se omitió el verbo ser: su vecina es.)

8. La conjunción *pues* debe ponerse entre comas:
Atiende, pues, es importantísimo.

9. Cuando las oraciones comienzan con los complementos circunstanciales, indirectos o directos, se debe colocar la coma al término de ellos:
En este mundo extraviado, todo es confusión.
Para sus hijos amados, la madre pidió oración.
La sanidad divina, te concedió el Señor.

USO DEL PUNTO Y COMA

El punto y coma indica una pausa más larga que la de la coma. Se emplea:

1. Para separar las oraciones de una cláusula extensa, aunque haya comas y tenga o no enlace la oración siguiente con la anterior:
Los novios entraron en la iglesia, estaban gozosos, resonó la marcha nupcial, avanzaron al altar; la hermandad se puso de pie, la alegría embargaba a todos; el pastor, luego de desarrollar solemnemente el acto matrimonial, bendijo a los contrayentes.

2. En las oraciones extensas, antes de las conjunciones: mas, pero, sin embargo, aunque, porque, sino:

Aquella tarde, el culto al aire libre pareció desenvolverse sin nada extraordinario; pero, sorpresivamente, alzó la mano un joven y se entregó.

3. Para separar cláusulas o períodos que se refieren a motivos o asuntos distintos:
   La humanidad comenzó en el Edén; más tarde emigró a todos los continentes; hoy la superpoblación sobrepasa los seis mil millones.
4. Para separar las oraciones cuyos sentidos son opuestos:
   El salvado, perdonado de sus iniquidades, lucha por mantener su santidad; en cambio el pecador insiste tercamente en el pecado y pone en grave peligro su alma.

USO DE LOS DOS PUNTOS

Los dos puntos indican una pausa mayor que la del punto y coma. Se emplean:
1. Antes de citas textuales de frases y pensamientos:
   Jesús ha dicho a la humanidad: «Y conoceréis la verdad, y la verdad os libertará» (Juan 8:32).
   Nos dice Salomón: «No te jactes del día de mañana: Porque no sabes qué dará de sí el día» (Proverbios 27:1).
2. Después de los vocativos o salutaciones en cartas, discursos, solicitudes, etc.:
   a. Muy amada madre:
   b. Señor Alcalde:
      Señores Presidentes de Instituciones:
      Señores y señoras:
   c. Señor Ministro de Educación:
3. Al comienzo de las enumeraciones:
   Los países de Escandinavia son: Dinamarca, Suecia y Noruega.

4. Después de las expresiones: por ejemplo, a saber, verbigracia, etc.:
Los EE.UU. de Norteamérica tienen los siguientes límites, a saber: ...
La visión y el esfuerzo de superación nos elevan, por ejemplo: estudiando la Biblia crecemos y nos adoctrinamos.

5. Después de los dos puntos pueden usarse mayúsculas o minúsculas:
Hermanos y hermanas: Nuevamente me dirijo a Uds...
Les digo emocionado: acepto el liderazgo juvenil.

USO DEL PUNTO

Indica una pausa mayor según sea punto y seguido o punto y aparte. El punto final señala el fin de un escrito.

1. *El punto y seguido* separa las oraciones de una cláusula o período:
«Pues si vivimos, para el Señor vivimos; y si morimos, para el Señor morimos. Así pues, sea que vivamos, o que muramos, del Señor somos» (Romanos 14:8).

2. *El punto y aparte* indica que el pensamiento central de una cláusula ha terminado y se ha de comenzar con otro:
La era antediluviana, tiempo de la dispensación de la conciencia, terminó con Noé.
La era postdiluviana es el momento del gobierno humano.

3. *El punto final* indica la terminación de un escrito.

USO DE LOS PUNTOS SUSPENSIVOS

Se usan:
1. Para expresar una pausa larga motivando suspenso, duda, perplejidad, temor:
   Moisés vio la zarza ardiendo, se acercó y escuchó una voz que le decía...
   Pecador, ¿cuál será el destino de tu alma? ¿Te salvarás? O...; decídelo hoy.
2. Cuando se omite algo en la transcripción de un escrito:
   El apóstol Santiago dijo: «Y si alguno de vosotros tiene falta de sabiduría, pídala a Dios...»
3. Al omitir algo que ya se sobreentiende:
   Cuánta fortaleza nos causa el versículo que dice: «Porque para mí el vivir es Cristo...» (Filipenses 1:21).

USO DE LOS SIGNOS DE INTERROGACIÓN

Los signos de interrogación (¿?) requieren una entonación especial, se colocan al principio y al final de la oración; sirven para preguntar, motivan gran reflexión y comprensión del lector:
   ¿Quién es Dios? ¿Qué es la vida? ¿Entiendes?

USO DE LOS SIGNOS DE ADMIRACIÓN

Los signos de admiración (¡!) tienen una entonación característica, se colocan al principio y al final de las oraciones; sirven para expresar admiración, asombro, queja, miedo:
   ¡Gloria y honra a Dios! ¡Precioso es Jesús!
   ¡Es increíble lo que veo! ¡Esperé mucho de ti y ahora me siento defraudado! ¡Qué horror, todo se perdió!

USO DEL PARÉNTESIS

Los paréntesis se usan para encerrar palabras o frases aclaratorias de un concepto; la lectura de lo encerrado debe pronunciarse en forma distinta, preferible más bajo que lo demás; y no se debe colocar la coma antes del paréntesis, después sí, siempre que sea conveniente:

La Gran Tribulación (tiempo de horrores nunca sucedidos) durará siete años.

A veces se reemplaza el paréntesis por raya:

Qué maravilla –dijo el pasajero del avión– al contemplar la Amazonia.

USO DE LA CREMA O DIÉRESIS

Se llama crema o diéresis a los puntos que se escriben sobre la *u* (ü) para indicar su pronunciación separada de la vocal que le sigue. Usos:

1. Se coloca sobre la *u* después de *g*, en las sílabas *gue* y *gui:*
   antigüedad, bilingüe, cigüeña, sinvergüenza.
2. En poesía, para deshacer el diptongo:
   süave = sü - a - ve, vïuda = vï - u - da
   «La luna en el mar rïela» (J. de Espronceda).

USO DE LAS COMILLAS

Se utilizan para indicar citas textuales, mencionar títulos de libros, nombres de establecimientos, revistas, periódicos, marcas de productos:

«Porque fuerte es como la muerte el amor», dijo Salomón.

«El Excelsior», «El Tiempo», «El Comercio», son diarios muy leídos.

«Las teologías modernas y la Biblia», Samuel Vila. «Radio Visión Cristiana», emisora evangélica en New Jersey, EE.UU.

USO DEL GUIÓN

El guión sirve para la división de las palabras al final de línea y se coloca a media altura de las letras. Propiamente indica que la palabra que se escribe no cabe entera en el renglón y continúa en el siguiente.
Su uso correcto:
1. Pueden separarse las letras duplicadas, pero no la *ll*, *rr* y *ch:*
   ac-ción, confec-ción, in-necesario, in-novación.
2. Las vocales de los diptongos y triptongos no deben separarse porque forman una sola sílaba:
   silen-*cio*, *ciu*-dad, an-*sia*,
   atesti-*guáis*, nego-*ciéis*.
3. No debe separarse la vocal inicial de la palabra, ni tampoco la final:
   ate-neo, aé-reo, hé-roe, cantu-rreo.
4. Es mucho más correcta la separación de los prefijos de las palabras compuestas, pero es permisible hacer la separación de acuerdo con las sílabas:
   des-autorizar o de-sautorizar,
   des-aparecer o de-saparecer.
   Esta regla es aplicable a los pronombres nosotros y vosotros:
   nos-otros o no-sotros, vos-otros o vo-sotros.
5. La *s* no forma sílaba con la consonante que le sigue sino con la que le antecede:
   ads-crito, ins-pectoría, ins-trucción.
6. La *h* no debe quedar al fin de línea, sino pasar al principio del otro renglón:
   an-helo, des-honrar, en-hebrar, al-haraca.

7. También se usa el guión para separar las sílabas de las palabras:
na-cio-na-li-dad, pa-rén-te-sis, Pa-les-ti-na.

USO DE LA RAYA

La raya o guión mayor se emplea:
1. En los diálogos, para indicar el cambio de los interlocutores, o sea, para señalar cuándo toma la palabra uno de los dialogantes:
   – Escúchame, padre.
   – Bien, hijo.
   – ¿Cómo se resolverá nuestro problema?
   – ¡Sólo con Dios!
   – ¡Amén! Oremos y esperemos.

   Pastor.– Toca el acordeón, José.
   José.– ¿Qué himno prefiere?
   Pastor.– «Pies divinos».
   José.– Para la gloria de Dios, lo ejecuto.
2. Para reemplazar el paréntesis en frases u oraciones intercaladas:
   El ímpetu de su mensaje –lleno de la unción del Espíritu– convenció a los oyentes y cientos se convirtieron.
3. Para escribir el verso en forma de prosa:
   En un aposento alto, – con unánime fervor, – ciento veinte esperaban, – la promesa del Señor.

USO DE LAS DOS RAYAS

Hay rayas horizontales y rayas verticales:
1. Las horizontales se usan solamente en las copias, para indicar que en el original se pasa a párrafo distinto.

2. Equivalen al signo *igual* en relación con las matemáticas:
   $$50 - 10 = 40$$
3. Las verticales se usan en los diccionarios para separar las diferentes acepciones que tiene la palabra:
   LOA f. Alabanza. / Especie de prólogo de algunas obras dramáticas antiguas. / Poema dramático corto compuesto para celebrar algún acontecimiento notable o alguna persona ilustre. (*Diccionario Larousse.*)

USO DEL ASTERISCO

1. El asterisco (*) se pone sobre ciertas palabras del texto; remite a una nota aclaratoria al pie del escrito.
2. Se usa después de una letra inicial para sustituir a una palabra que no se menciona:
   «El furibundo X*****».

CAPÍTULO V

El cultivo del lenguaje oral

El lenguaje oral, que tiene como base la voz articulada, es el que usa el hombre desde su aparición sobre la tierra.

Precioso y bendecido es el lenguaje oral, nos acerca a nuestros semejantes y nos acerca a Dios.

Hablar es necesidad del corazón y del alma, entonces ¿por qué quedar callados? Jamás.

Hablamos porque amamos, anhelamos comprender y ser comprendidos, deseamos vivir unidos, muy unidos y en armonía.

Y para nosotros los cristianos se vislumbra ya la alborada de la vida celestial. Un poquito más... y... seremos arrebatados, en este entendimiento: ¿por qué irnos de este mundo sin haber hablado como conviene? Nuestras últimas palabras para la humanidad sean de alerta, aliento, optimismo y búsqueda de la redención.

El lenguaje oral toma parte en la lectura, la conversación, el diálogo, la disertación o conferencia, la oratoria, etc.

Ahora, examinemos la voz, que es el ingrediente esencial del lenguaje oral.

LA VOZ

Es la vibración de las cuerdas vocales.

Examinémosla lo mejor posible porque su uso adecuado embellece y da calidad al lenguaje oral.

CUALIDADES DE LA VOZ:

1. **Intensidad.** Consiste en la mayor o menor potencia de la voz.
   Por la intensidad, la voz se clasifica en: potente, intermedia y baja.
   La voz potente se deja escuchar a mayor distancia.
   La voz intermedia alcanza a distancias medias.
   La voz baja sólo se oye en la cercanía.
   La intensidad de la voz debe graduarse:
   El padre de familia no debe exagerar la potencia de su voz; una voz de «trueno» asustaría a los hijos y, con el transcurso del tiempo, podría causar graves trastornos.
   En los lugares de concentración, sean auditorios, plazas públicas, iglesias, etc., el uso del micrófono debe graduarse.
   Pero tampoco la voz debe ser bajísima, porque sufrirán al no poder oír claramente al que habla.
2. **La altura o extensión.** Por esta cualidad, la voz tiene la capacidad de pasar de las notas bajas a las agudas y regresar de las agudas a las graves.
   La modulación de la voz, según la altura, da lugar a la melodía de la lengua o línea melódica.
   En las preguntas, la voz sube, pasa de las notas graves a las agudas.
   En las respuestas, la voz desciende, vuelve de las notas agudas a las graves. El esquema es como sigue:

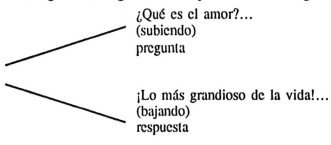

¿Qué es el amor?...
(subiendo)
pregunta

¡Lo más grandioso de la vida!...
(bajando)
respuesta

165

En la oratoria sagrada y en el recital poético, la altura de la voz se nota con nitidez: cautiva, asombra y hasta hace llorar.

Padres de familia, educadores, conferencistas, pastores y demás ministros evangélicos, deben emplear una altura de voz grata que enternezca, acentúe el afán de saber y el gozo de seguir oyendo. Y evítese hablar con altura uniforme.

3. **Duración.** La voz vibra en el tiempo según sean las palabras monosílabas o polisílabas.

La duración se interrumpe muy brevemente en las pausas, la extensión de las frases, oraciones y cláusulas.

Aquí, hay que tomar en cuenta que el lenguaje debe tener una velocidad normal y bien articulada, no se debe hablar atropelladamente, demasiado rápido; pero tampoco es admisible el lenguaje lento, muy pausado, puede mortificar.

4. **Timbre.** Es la característica sonoridad de la voz de cada persona.

El timbre está en relación con el sexo, la edad, la conformación de la caja torácica y los órganos de fonación, etc.

Es posible identificar a una persona por el timbre de su voz.

LECTURA

La lectura es la comprensión de un escrito.

Ella promueve la participación de la inteligencia de modo singular. Es cierto que hay lecturas de simple entretenimiento, pero hay lecturas de reflexión profunda que tratan de llegar a la esencia misma de un escrito.

¡Hay que leer!

Las producciones literarias se han multiplicado como

nunca, para todas las edades, para todas las especialidades, hay mucho que leer. Sabiamente leamos de todo previa selección.

La familia cristiana lee incesantemente la Sagrada Palabra –la Santa Biblia– porque sabe que es el Libro de los libros. Leámosla con la unción del Espíritu Santo. Instamos a los alumnos de Institutos Bíblicos, Seminarios, maestros, ministros, padres de familia y hermandad en general a intensificar la lectura selecta. Seamos, pues, amigos de la lectura.

CLASES DE LECTURA:

1. **Lectura oral o decorativa.**
   Es la lectura que emplea el lenguaje oral. También se llama decorativa porque es la que se adorna con las inflexiones de la voz.
   Características:
   a. Usa la voz articulada.
   b. Se adorna impresionantemente con las flexiones o cambios del tono de la voz y con los gestos.
   c. Está limitada en el tiempo.

Esta lectura se practica en la familia, centros de educación, tribunales de justicia, parlamentos, convenciones, congresos, sesiones, en las iglesias, etc.

EVALUACIÓN Y CALIFICACIÓN DE LA LECTURA ORAL

En los centros educacionales, el profesor debe apreciar con mucho cuidado la lectura del estudiante:

a. Atendiendo la buena articulación y corregir defectos.
b. Recomendando una buena melodía de la voz.
c. Evaluando, después de cerrar el texto, la comprensión de lo leído.

d. Indicando que exprese el significado de palabras nuevas que contenga el trozo leído.

2. Lectura silenciosa o ideovisual.

Es la que se ejercita en silencio. Se llama ideovisual porque tienen preeminencia de participación la vista y la mente.

Características:

a. Su material es todo lo hecho con la escritura.
b. Es mucho más veloz que la lectura oral.
c. Facilita mucho mejor la comprensión e interpretación del texto.
d. En los planteles de educación, se le advierte al alumno que tiene determinados minutos para leer.
e. Permite la aplicación del test de lectura.

La lectura silenciosa, por lo general, es propia de estudiantes y personas que investigan, analizan y tratan de llegar al contenido más profundo de un escrito.

¿Cómo debe efectuarse la lectura silenciosa?

1. Se debe mantener un adecuado silencio en la sala de lectura.
2. Debe evitarse la distracción para no interrumpir el hilo de la lectura.
3. El lector estará provisto de su cuaderno de apuntes.
4. Para evitar la fatiga mental, se descansará por momentos.
5. La atención y la memoria deben captar bien lo leído.
6. En la aplicación del test de lectura, para averiguar la bondad de lo leído, se hará:

a. Ordenar al alumno que cierre el libro.
b. Indicarle que resuma en el papel que se le entrega.
c. La respuesta y la interpretación serán concisas.
d. En cuanto convenga, se le pedirá que añada algo de su propia opinión.

168

LECTURA INTERPRETATIVA

Génesis 2:15-25

Lea:

15 Y tomó, pues, Jehová Dios al hombre, y lo puso en el huerto de Edén, para que lo labrara y lo guardase.
16 Y mandó Jehová Dios al hombre, diciendo: De todo árbol del huerto podrás comer;
17 mas del árbol de la ciencia del bien y del mal no comerás; porque el día que de él comieres, ciertamente morirás.
18 Y dijo Jehová Dios: No es bueno que el hombre esté solo; le haré ayuda idónea para él.
19 Jehová Dios formó, pues, de la tierra toda bestia del campo, y toda ave de los cielos, y las trajo a Adán para que viese cómo las había de llamar; y todo lo que Adán llamó a los animales vivientes, ése es su nombre.
20 Y puso Adán nombre a toda bestia y ave de los cielos y a todo ganado del campo; mas para Adán no se halló ayuda idónea para ·él.
21 Entonces Jehová Dios hizo caer sueño profundo sobre Adán, y mientras éste dormía, tomó una de sus costillas, y cerró la carne en su lugar.
22 Y de la costilla que Jehová Dios tomó del hombre, hizo una mujer, y la trajo al hombre.
23 Dijo entonces Adán: Esto es ahora hueso de mis huesos y carne de mi carne; ésta será llamada Varona, porque del varón fue tomada.
24 Por tanto, dejará el hombre a su padre y a su madre, y se unirá a su mujer, y serán una sola carne.
25 Y estaban ambos desnudos, Adán y su mujer, y no se. avergonzaban.

Responda con precisión las siguientes preguntas:
1. ¿Cuáles son los dos puntos más sobresalientes en el trozo leído?
2. ¿Cuál es el versículo que declara la terminante prohibición de Dios? ¿Qué trajo su incumplimiento?
3. ¿Cuál es la causa de la creación de la mujer?
4. ¿De qué versículo inferimos el establecimiento del matrimonio y su bendición?
5. ¿Qué propósitos se infieren acerca de la creación de la mujer de la costilla del hombre?

Salmo 121

Jehová es tu guardador

Cántico gradual

Lea:

1 Alzaré mis ojos a los montes;
¿De dónde vendrá mi socorro?
2 Mi socorro viene de Jehová,
Que hizo los cielos y la tierra.
3 No dará tu pie al resbaladero,
Ni se dormirá el que te guarda.
4 He aquí, no se adormecerá ni dormirá
El que guarda a Israel.
5 Jehová es tu guardador;
Jehová es tu sombra a tu mano derecha.
6 El sol no te fatigará de día,
Ni la luna de noche.
7 Jehová te guardará de todo mal;
Él guardará tu alma.
8 Jehová guardará tu salida y tu entrada
Desde ahora y para siempre.

Responda con precisión las siguientes preguntas:
1. ¿Qué significados tiene la expresión «... a los montes»?

2. ¿Qué circunstancias motivan el clamor sobre el socorro de Dios?
3. ¿Cómo debe entenderse que Dios «no se adormecerá ni dormirá»?
4. ¿Cuál es el versículo que expresa la seguridad completa?
5. El salmo leído tiene por encabezamiento: «Jehová es tu guardador». ¿Qué alcances tiene esto?

Evangelio de San Juan 1:1-13

El Verbo hecho carne

Lea:

1 En el principio era el Verbo, y el Verbo era con Dios, y el Verbo era Dios. 2 Éste era en el principio con Dios. 3 Todas las cosas por él fueron hechas, y sin él nada de lo que ha sido hecho, fue hecho. 4 En él estaba la vida, y la vida era la luz de los hombres. 5 La luz en las tinieblas resplandece, y las tinieblas no prevalecieron contra ella. 6 Hubo un hombre enviado de Dios, el cual se llamaba Juan. 7 Éste vino por testimonio, para que diese testimonio de la luz, a fin de que todos creyesen por él.

8 No era él la luz, sino para que diese testimonio de la luz. 9 Aquella luz verdadera, que alumbra a todo hombre, venía a este mundo. 10 En el mundo estaba, y el mundo por él fue hecho; pero el mundo no le conoció. 11 A lo suyo vino, y los suyos no le recibieron. 12 Mas a todos los que le recibieron, a los que creen en su nombre, les dio la potestad de ser hechos hijos de Dios; 13 los cuales no son engendrados de sangre, ni de voluntad de carne, ni de voluntad de varón, sino de Dios.

Conteste las siguientes preguntas:
1. ¿Qué es «logos»? ¿Qué sabe del Logos Divino?
2. ¿Qué circunstancias motivan para que la Biblia nos revele del Verbo en la eternidad?
3. ¿De qué modo es Jesús, al mismo tiempo, luz y vida?
4. ¿Cuál es el versículo que declara nuestra identidad como hijos de Dios?
5. Los exégetas y estudiosos consideran que el más triste dolor expresado en la Biblia está en el trozo leído, ¿cuál es ese versículo?

Apocalipsis 3:7-13
El mensaje a Filadelfia

Lea:

7 Escribe al ángel de la iglesia en Filadelfia: Esto dice el Santo, el Verdadero, el que tiene la llave de David, el que abre y ninguno cierra, y cierra y ninguno abre:
8 Yo conozco tus obras; he aquí, he puesto delante de ti una puerta abierta, la cual nadie puede cerrar; porque aunque tienes poca fuerza, has guardado mi palabra, y no has negado mi nombre.
9 He aquí, yo entrego de la sinagoga de Satanás a los que se dicen ser judíos y no lo son, sino que mienten; he aquí, yo haré que vengan y se postren a tus pies, y reconozcan que yo te he amado.
10 Por cuanto has guardado la palabra de mi paciencia, yo también te guardaré de la hora de la prueba que ha de venir sobre el mundo entero, para probar a los que moran sobre la tierra.
11 He aquí, yo vengo pronto; retén lo que tienes, para que ninguno tome tu corona.
12 Al que venciere, yo lo haré columna en el templo de mi Dios, y nunca más saldrá de allí; y escribiré sobre él el nombre de mi Dios, y el nombre de la

ciudad de mi Dios, la nueva Jerusalén, la cual desciende del cielo, de mi Dios, y mi nombre nuevo.

13 El que tiene oído, oiga lo que el Espíritu dice a las iglesias.

Conteste las siguientes preguntas:
1. ¿Con qué nombres se identifica el Señor en el versículo 7?
2. En la interpretación histórica del versículo 8, ¿en qué siglo se produjo la obra misionera más grande de todos los siglos?
3. En aplicación del versículo 9, ¿quién es ahora el Israel de Dios? ¿Quiénes son los verdaderos israelitas?
4. ¿Cuál es el versículo y cuál la afirmación que prueba que la iglesia no pasará la Gran Tribulación?
5. Cite los tres premios que se mencionan en los versículos finales.

Ex presidente de la Asamblea General de las Naciones Unidas[*]
(Invalorable testimonio de la experiencia cristiana)

Lea:
«Habiendo comprendido plenamente que el mundo entero está como disolviéndose ante nuestros ojos, es imposible hacer preguntas de mayor significación que estas tres: ¿Qué emergerá en seguida? ¿Qué lugar tiene Cristo en ello? ¿Y qué parte tenemos nosotros en todo el asunto?

»En una palabra: la vida en el espíritu es vida en Jesu-

(*) El fragmento transcrito ha sido tomado del magnífico libro *Evidencia que exige un veredicto* del gran evangelista intelectual Josh McDowell.

cristo. En él, y por él, podemos hacer estas tres preguntas fundamentales y contestarlas. En él y por él podemos ser salvos de la disolución universal del mundo.

»Estos días son de mucha importancia, y lo que se decida en ellos es absolutamente histórico. Pero estas cosas han de pasar, y junto con ellas la vida misma. ¿Qué es, entonces, la vida que no pasa? ¿Qué es la vida eterna? Ésta es la primera y la última pregunta. Creo que "Ésta es la vida eterna: que te conozcan a ti, el único Dios verdadero, y a Jesucristo, a quien has enviado" (Juan 17:3)... fe en Jesucristo es el primer y último significado de nuestra vida. No me importa mayormente quién o qué sea usted; yo le planteo solamente una pregunta: ¿Cree usted en Jesucristo?»

El Dr. Charles Malik, que ofició como Presidente de la Asamblea General de las Naciones Unidas en 1959, nos ha expresado este valioso testimonio.

Conteste las siguientes preguntas:
1. Según el Dr. Charles Malik, ¿el mundo parece estar en trance de qué?
2. En definitiva, ¿qué es la vida del espíritu?
3. ¿Qué es la vida eterna? Use al respecto el versículo que se menciona.
4. El Dr. Malik le ha preguntado: ¿Cree usted en Jesucristo? ¿Cuál es su respuesta?

El poder de la palabra hablada[*]
(fragmento)

Lea:
«Hay ciertos pasos que debemos seguir para que la fe sea debidamente incubada. Y hay una verdad central,

---

(*) *Cuarta dimensión.* Dr. Paul Yonggi Cho.

en el reino de la fe, que debemos conocer. Y también hay un principio básico acerca de la palabra hablada que debemos comprender. De modo que deseo hablarles acerca del poder creativo de la palabra hablada, y la razón por la cual es tan importante el uso de ella.

Una mañana me estaba desayunando con uno de los neurocirujanos más famosos de Corea. Él me estaba hablando acerca de los últimos descubrimientos hechos en las operaciones del cerebro. En cierto momento de su plática me dijo:

– Doctor Cho, ¿sabía usted que el centro cerebral que controla el lenguaje, tiene poder y dominio sobre todos los demás centros cerebrales? Ustedes los predicadores tienen realmente poder porque el centro de la palabra hablada tiene dominio sobre los demás centros nerviosos.

Yo me reí y le dije: –Yo sabía eso desde largo tiempo atrás.

–¿Que usted sabía eso de antes? –preguntó extrañado–. ¡Pero si eso es uno de los recientes hallazgos de la neurocirugía!

Le dije que yo había aprendido eso de parte del doctor Santiago.

–¿Quién es ese doctor Santiago? –inquirió él.

–Fue uno de los doctores más famosos de los tiempos bíblicos, unos dos mil años atrás. En el capítulo tercero de su libro, en los primeros versículos del capítulo, el doctor Santiago define claramente la actividad y la importancia de la lengua y el centro del habla.

Mi amigo estaba realmente asombrado. –¿Enseña eso la Biblia? –me preguntó.

–Sí –le contesté–. "La lengua es un miembro muy pequeño, pero se jacta de grandes cosas... la lengua está puesta entre nuestros miembros, y contamina todo el cuerpo, e inflama la rueda de la creación" (Santiago 3:5, 6).

Entonces este inteligente médico comenzó a exponerme sus conocimientos. Me dijo que el centro del habla, y el nervio que controla el lenguaje, tienen tal poder sobre el cuerpo, que una persona, simplemente hablando, puede controlar todo su cuerpo y manipularlo de la manera que desea.

–Por ejemplo –me dijo–, si alguno dice: "Me voy a debilitar", todos los nervios de su cuerpo reciben el mensaje, y todos juntos dicen: "¡Oh, prepárense para debilitarse!" Porque hemos recibido órdenes de la oficina central de ponernos todos débiles. Entonces, por secuencia natural, todos ajustan su condición física a una verdadera debilidad.

–Si alguno dice: "Bueno, yo no tengo ninguna habilidad", todos los nervios del cuerpo comienzan a decir la misma cosa. "Sí", dicen todos a coro, "hemos recibido instrucciones del sistema nervioso central que no tengamos ninguna habilidad, que no desarrollemos talento o habilidad alguna. Debemos prepararnos para ser parte de una persona perfectamente inútil."

–Si alguien comienza a decir: "Me estoy poniendo viejo. Me siento cansado y no puedo hacer nada", entonces el centro del habla se pone en funciones y da órdenes a tal efecto. Los nervios responden: "Sí, es cierto. Todos estamos viejos. Estamos listos para la tumba. Listos para desintegrarnos." Si una persona insiste en decir que ya está vieja, esa persona será pronto un cadáver.»

Conteste con el cuidado que se requiere:
1. ¿De qué nos habla el escritor Dr. Paul Yonggi Cho?
2. ¿Qué reciente descubrimiento citó el neurocirujano?
3. ¿Quién es el doctor Santiago y qué dijo él en relación con el lenguaje?
4. ¿Qué consecuencias resultan del uso de la lengua?

LECTURA DECORATIVA

Con la adecuada entonación, propia de un recital o declamación, lea la siguiente poesía:

Envíame, Señor

Envíame, Señor, donde tú quieras:
a la sima del valle o a la cumbre;
donde tú quieras que tu luz alumbre,
ya entre mansas ovejas o entre fieras.

Do tú quieras que vaya, iré, Dios mío;
a lugares de fuentes cristalinas
o a desiertos de abrojos y de espinas
donde faltan la lluvia y el rocío.

Envíame, Señor, que iré contento
y haré tu voluntad gustosamente,
mas dame que tu espíritu me aliente
y tu faz pueda ver cada momento.

Pues la luz de tu rostro cambia flores
de exquisita fragancia, los abrojos;
en fraternos abrazos, los enojos
y la noche terrífica, en fulgores.

«Mas si tú, ¡oh Señor!, no has de ir conmigo,
no me saques de aquí», pues de otro modo,
mi fuerza y mi valor serán el lodo
que pise la voluntad del enemigo.

Agustín Ruiz V.
(Méjico)

Preguntas:
1. ¿Cuál es el clamor central del poeta?
2. ¿Cómo debemos ejecutar el servicio del Señor?
3. ¿Qué circunstancias no nos deben desanimar?

4. ¿Qué significan las palabras: sima, abrojos y fulgores?
5. En la década del 90, ¿cómo se ha propuesto trabajar?

CONVERSACIÓN

Hablamos constantemente con los que nos rodean, eso es conversación.

La conversación se inició en el paraíso terrenal; desde entonces, ya casi seis mil años, el ser humano sigue conversando.

La conversación es una verdadera necesidad y es base de la comunicación, con ella se afianzan las relaciones, se cimentan propósitos y planes, se aclaran dudas, confusiones y errores, etc.

¡Precioso es conversar!

Pero practiquémosla sabiamente sin perder el tiempo y evitando asuntos nimios o de escasa significación.

Veamos en seguida cómo se desenvuelve la conversación en las áreas de mayor notoriedad:

I. LA CONVERSACIÓN FAMILIAR.

El hogar es el lugar de conversación por excelencia. Allí los padres y los hijos enfocan temas de la más diversa índole. ¿Cómo hablan?

1. **La conversación entre los cónyuges.**

Debe realizarse con absoluta franqueza y sinceridad:

a. Sobre la base del amor recíproco. Amor hasta el final.

b. Procurando entenderse mutuamente. Nunca las incomprensiones.

c. Logrando la cohesión familiar. Todos muy unidos.

d. Conversando con delicadeza y temor porque Dios está presente.

2. **La conversación de los padres.**
Los padres frente a los hijos probarán que son tales.
Como progenitores son responsables por las vidas que traen.
La conversación frente a los hijos debe ser:
   a. Amorosa, sí, enteramente amorosa. El hijo, al conocerse amado, conversará contento y nunca se olvidará de sus padres.
   b. Usando la dulce voz paternal. Se evitará la voz que hiera, ya que el hijo sentiría miedo, terror y anidaría traumas irremediables.
   c. Informando gradualmente todo lo que corresponde a la vida. No harán ignorar nada. Sabiduría en esto.
   d. Alentar constantemente el futuro triunfo de ellos.
   e. Tratando siempre los asuntos espirituales, eso debe ocupar el lugar de preferencia.
   En el hogar no debe haber ni padres mudos ni hijos mudos. Todos deben conversar.
3. **La conversación de los hijos.**
Muy lindo conversan los hijos con los padres y lo mismo entre hermanos.
Ellos deben conversar:
   a. Frente a los padres con verdadero amor filial. No rehuirán hablar con papá y mamá.
   b. Con acentuado amor fraternal. El amor entre hermanos sea firme y constante.
   c. Las discusiones se evitarán. Nada de enfrentamientos.

II. LA CONVERSACIÓN EN LA CONGREGACIÓN.
Por sobre todo, la iglesia es lugar de alabanza, adoración, reverencia y donde se escucha el mensaje de Dios.
En atención a lo expresado, la conversación de la hermandad será breve, muy breve y nada más.

El pastor, en su calidad de primera autoridad, conversará reflejando su consagrado ministerio. Los asuntos de cierta calidad los tratará en su oficina. Dios bendiga esa conversación, entrevista, aconsejamiento, etc.

III. LA CONVERSACIÓN EN EL ÁMBITO SOCIAL. Somos integrantes de la colectividad y por designio de Dios ocupamos un lugar especial dentro de ella. Por esto, nuestra conversación con el prójimo será afectuosa, prudente e incluyendo con fe el mensaje de salvación.

DIÁLOGO

Es una conversación de calidad más significativa. Gira sobre asuntos específicos y toma en cuenta el transcurso del tiempo.

El diálogo debe ser:
a. Ameno, ágil y comprensivo.
b. El que pregunta debe ser preciso y claro.
c. El que contesta debe ser sincero, veraz y conciso en su respuesta.

El diálogo interviene en el teatro, que es el género literario dialogado.

ENTREVISTA

La vida contemporánea ha intensificado la entrevista.

La entrevista tiene por finalidad interrogar a las personas sobre asuntos determinados que pueden referirse a la vida familiar, social, institucional, profesional, etc.

Se entrevista a los padres, hijos, miembros de iglesias, miembros del ministerio cristiano, educadores, empleados, profesionales, científicos, artistas, políticos, estadistas y, en general, a cuantos sean necesarios.

La entrevista debe adecuarse a estas cualidades:
1. La persona que entrevista debe estar altamente preparada y con suficiente experiencia.
2. Se efectuará en un ambiente de normalidad y evitando que se produzcan inhibiciones, mortificaciones o rechazos.
3. El que entrevista empleará un lenguaje diáfano, adecuado y alturado.
4. La persona entrevistada debe:
   a. Mantener la mirada ante quien lo entrevista; bajar la mirada podría significar duda, inseguridad y, quizás, incapacidad.
   b. Debe contestar con tranquilidad y seguridad de lo que responde.
   c. En casos en que es necesario opinar, lo hará con altura, sagacidad y convicción.

Tanto el que entrevista como el entrevistado tendrán mucho cuidado, porque la entrevista radial y televisada la apreciarán miles de personas y tal vez millones.

CONFERENCIA

La conferencia es una disertación de calidad singular. Es la exposición del saber humano en sus múltiples facetas.

Juristas, médicos, científicos, educadores, políticos, economistas, sociólogos, periodistas, relacionistas, artistas, religiosos, etc., etc., ofrecen valiosísimas conferencias en aras de la defensa, bienestar, superación y felicidad de la vida humana.

CAPÍTULO VI

El cultivo del lenguaje escrito

El lenguaje escrito usa el valioso recurso de la escritura.

Según la historia, el hombre ha pasado por tres grandes estadios o fases: el salvajismo, la barbarie y la civilización.

La invención de la escritura marca el comienzo de la civilización y desde entonces los escritos se han multiplicado. Las culturas de las Edades Antigua, Media y Moderna nos han legado escritos de inmenso valor.

La invención de la imprenta en 1440 por el alemán Gutenberg ha hecho posible la difusión de los escritos en calidades y cantidades asombrosas.

Actualmente, en la Edad contemporánea, con el perfeccionamiento de las impresoras, añadiendo a ellas el uso de microfilminas y computadoras, la producción escrita es formidable.

Todos escriben, y hacen bien. Para nadie hay limitación.

Por nuestra parte, los evangélicos, también escribimos y procuramos hacer de lo mejor; lo dicho no contradice nuestra humildad, no; tampoco subestimamos las grandes producciones literarias en el mundo entero, sólo queremos remarcar que lo que escribimos tiene un contenido especial: escribimos para la gloria de Dios y bajo la unción de su Espíritu.

¡A escribir!

CUALIDADES DEL LENGUAJE ESCRITO

1. Usa la escritura.
2. Se embellece con una buena caligrafía, buena ortografía y un acertado uso de los signos de puntuación.
3. Perdura en el tiempo. Los escritos duran años y miles de años.
4. Debido a su perennidad se debe escribir con sumo cuidado. Lo expuesto con el lenguaje oral puede ser disculpable, pero lo escrito queda tal como está: bien, regular o mal.

El ejercicio del lenguaje escrito obliga, tanto como el lenguaje oral, al adecuado conocimiento de las palabras y sus clasificaciones.

LA PALABRA

La palabra se consideró tradicionalmente como el sonido o conjunto de sonidos que expresan una idea; actualmente se considera como la unidad del lenguaje y que junto con otras, hace posible nuestras expresiones.

Y surge la primera distinción: hay la palabra hablada y la palabra escrita.

CLASES DE PALABRAS

I. PALABRAS TENIENDO EN CUENTA EL PROCESO DE SU FORMACIÓN.
1. **La onomatopeya.** Consiste en formar palabras imitando los sonidos y ruidos del mundo circundante. Citemos algunas:
   susurro (ruido muy apacible del viento),
   murmullo (de un arroyo o manantial),
   arrullo (canto de palomas y aves),

trino y gorjeo (canto de pajarillos),
guau, guau (ladrido del perro),
miau, ronronear (gato),
chasquido (ruido del látigo o de madera, al abrir),
tic, tac (reloj),   chirrido (de una rueda),
¡pum! (cañonazo),   chis, chas (de la brasa),
traqueteo (ametralladora),   chisporroteo (del aceite).

2. **La derivación.** Consiste en formar nuevas palabras agregando a la raíz los sufijos o terminaciones. Veamos:

raíz	+	sufijo	=	palabra
am	+	o	=	amo
am	+	ante	=	amante
am	+	antísimo	=	amantísimo
am	+	oroso	=	amoroso
caball	+	o	=	caballo
caball	+	ero	=	caballero
caball	+	eriza	=	caballeriza
caball	+	ada	=	caballada
caball	+	eroso	=	caballeroso

Y así por analogía:

musicalidad (de música)   alumnado (de alumno)
mensualidad (de mes)   noctámbulo (de noche)
librería (de libro)   celestial (de cielo)
florecer (de flor)   diario (de día)
himnario (de himno)   eternidad (de eterno)

3. **La composición.** Consiste en unir dos palabras para formar otra nueva. Tiene tres modalidades:

   a. *Yuxtaposición.* Es la simple unión de vocablos. A una palabra se le añade otra:

     boca + calle = bocacalle   tira + pie = tirapié
     para + choque = parachoque
     contra + decir = contradecir
     quita + sol = quitasol
     cubre + cama = cubrecama.

   b. *Composición propiamente dicha.* Se unen dos pa-

labras, pero la primera sufre una ligera modificación:
cabeza + bajo = cabizbajo
mano + obra = maniobra
barba + lindo = barbilindo
blanco + azul = blanquiazul
agrio + dulce = agridulce
boca + abierto = boquiabierto
c. *Prefijación.* Consiste en anteponer un prefijo a una palabra individual:
pre + historia = prehistoria
co + piloto = copiloto
ex + alumno = exalumno
des + trozo = destrozo
a + teo = ateo
im+ pedir = impedir
4. **La parasíntesis.** Consiste en la unión de una palabra o prefijo a otra derivada. En la parasíntesis, la nueva palabra es al mismo tiempo compuesta y derivada:
siete + (mes + ino = mesino) = sietemesino
pierna + (quebrar + ado = quebrado) = perniquebrado
ante + (diluvio + ano = diluviano) = antediluviano.

II. LAS PALABRAS POR SU SIGNIFICADO Y RELACIÓN QUE GUARDAN ENTRE SÍ.
1. **Palabras sinónimas.** Son aquellas que tienen igual o parecida significación:
Alegría, gozo, contentamiento, satisfacción.
Maravilla, prodigio, portentoso, asombroso.
Claridad, diafanidad, cristalinidad.
Maestro, profesor, educador, preceptor, coordinador.
Alumno, estudiante, discípulo, participante.
2. **Palabras antónimas.** Son aquellas cuyos significados son opuestos:
blanco... negro   bendición... maldición

bueno... malo   salvación... condenación
pobre... rico   vida... muerte

3. **Palabras homónimas.** Son las que tienen igual escritura e igual pronunciación pero que tienen distinto significado:

río (corriente de agua)... río (verbo reír)
sal (mineral)... sal (verbo salir)
bota (calzado)... bota (verbo botar).

4. **Palabras homófonas.** Son las que tienen igual sonido o pronunciación pero que tienen diferente escritura y distinto significado:

asta (palo o cuerno)... hasta (preposición)
votar (emitir el voto)... botar (arrojar).

5. **Palabras parónimas.** Son aquellas que tienen escritura semejante, pronunciación parecida, pero que tienen diferente significado:

carabela (barco)... calavera (cráneo del muerto)
callado (verbo)... cayado (bastón)
abrazar (rodear con el brazo)... abrasar (quemar)
cima (cumbre)... sima (abismo, profundidad).

EL ESCRITOR Y EL ESTILO

EL ESCRITOR

Es la persona que con habilidad y talento escribe constantemente obras de calificado valor.

El escritor es, pues, una persona singular que para escribir luce cultura, buen gusto, sensibilidad, originalidad y creatividad.

La cultura general del escritor debe ser respetable, pero debe tener una excelente cultura particular en el arte que cultiva: la literatura.

Cada escritor sobresale por su estilo personal, y sus producciones contribuyen a la superación de la humanidad.

EL ESTILO

El estilo es el modo propio y característico que tiene la persona al hablar y escribir. El estilo refleja la calidad del mundo interior y el dominio del lenguaje. Por lo expuesto, puede decirse que la persona es el estilo, y viceversa.

CLASES:

I. EL ESTILO POR EL ORNATO.
1. **Estilo sobrio.** Por regla general, no usa los adornos literarios.
2. **Estilo llano.** Es el que usa los adornos con mesura.
3. **Estilo elegante.** Usa a profusión las galas literarias pero sin llegar a la exageración.
4. **Estilo florido.** Con un recurso impresionante, verdadera floración, se abandona al nutrido uso de los adornos, galas y adjetivos.

II. EL ESTILO POR LA EXTENSIÓN DE LAS CLÁUSULAS.
1. **El estilo cortado, sentencioso o bíblico.** Usa oraciones o cláusulas breves. En la Biblia predomina este estilo, de ahí su nombre.
2. **El estilo periódico.** Es el que emplea extensas oraciones y cláusulas. Facilita prolongadas exposiciones pero sin debilitar la coherencia y claridad. En muchos pasajes de las epístolas paulinas se puede constatar este estilo.
3. **Estilo mixto.** Combina los estilos cortado y periódico. En realidad, ésta es la forma general de la expresión humana.

III. EL ESTILO POR EL TONO O FINALIDAD.
1. **Estilo serio.** Trata de ser alturado en todo momento. Es preferido en la orientación, aconsejamiento y mensajes, porque invita a la atención y comprensión.

187

2. **Estilo familiar.** Luce un lenguaje propio de la familia, haciendo posible que todos se sientan como conocedores del asunto que se dice.
3. **Estilo jocoso.** Es el que trata de hacer reír. Con ingenio, agudeza y sagacidad motiva la hilaridad.
4. **Estilo satírico.** Es mordaz y zahiriente. Su afán es censurar o criticar con el propósito de corregir defectos y vicios de personas y colectividades.
5. **Estilo humorístico.** Con vivacidad y talento, combina lo jocoso y lo serio, lo satírico y patético. La agudeza del humorista es excepcional. Sus escritos lindan con la filosofía de la vida.

IV. **EL ESTILO POR EL PROPÓSITO QUE PERSIGUE.**
1. **El estilo lógico.** Es el que se dirige al pensamiento, a la inteligencia. Trata de hacer pensar, reflexionar, razonar. Este estilo se prefiere en las exposiciones científicas, la orientación, la educación, en los mensajes sagrados, etc.
Los Proverbios y Eclesiastés de Salomón tienen este estilo.
2. **Estilo pintoresco.** Es el que mueve la imaginación, utiliza las imágenes.
Los relatos proféticos del Antiguo y Nuevo Testamento, las narraciones de los Libros Históricos, las importantes declaraciones en el Apocalipsis, son ejemplos de este estilo.
3. **Estilo patético.** Es el que impresiona el sentimiento. Conmueve intensamente los sentimientos del corazón y del alma.
Todo el Cantar de los Cantares, muchos capítulos de los Salmos, Rut y Ester, se impregnan de este estilo.

V. **EL ESTILO EN RELACIÓN CON LOS ESCRITORES.**
Los grandes literatos y oradores de la humanidad han

originado que sus admiradores escriban o hablen con ese mismo estilo; surgen así las denominaciones: estilo homérico (Homero), ciceroniano (Cicerón), cervantino (Cervantes), shakesperiano (Shakespeare), castelariano (Castelar), etc.

LA COMPOSICIÓN LITERARIA

La composición literaria es la ejecución de una obra de belleza mediante la palabra.

Belleza es todo aquello que causa en nosotros una emoción superior, elevada y desinteresada.

Literatura es el arte que nos dice su mensaje estético mediante un elemento sensible que es la palabra.

La obra literaria tiene dos elementos: el fondo y la forma.

El fondo está representado por los pensamientos.

La forma está integrada por la palabra o el lenguaje.

El fondo es comparable al cuerpo y la forma al ropaje, pero es conveniente aclarar que cambiando el fondo de la obra literaria cambia también la forma y alterando la forma se afecta el fondo; en verdad ambos forman un todo inalterable.

Tanto los pensamientos como las palabras usadas en la obra literaria reúnen ciertas cualidades o requisitos.

CUALIDADES DEL PENSAMIENTO

1. **Verdad.** Los pensamientos usados en la obra literaria deben ser ciertos, veraces. La verdad jamás debe estar ausente. Hay dos clases de verdades:

   a. *Verdad científica:* es la conformidad del pensamiento con la naturaleza de las cosas tales cuales son en la realidad. Ejemplo:

189

El todo es igual al conjunto de sus partes (axioma).

Todo cuerpo dejado en el espacio tiende a buscar el centro de la Tierra (ley de la gravedad).

b. *Verdad poética, probable o verosimilitud:* es la conformidad del pensamiento con la naturaleza de las cosas tales cuales *deberían ser* en la realidad. Ejemplo:

«No mires impaciente
el bien futuro,
mira que ni el presente
está seguro.»

Vicio opuesto: falsedad, error.

2. **Claridad.** Los pensamientos expresados en la obra literaria deben ser diáfanos, cristalinos y capaces de ser entendidos por todos.

La luz es a los objetos y la claridad al pensamiento.

Vicio opuesto: oscuridad o anfibología.

3. **Naturalidad.** Por esta cualidad, los pensamientos deben fluir con facilidad, unos tras otros.

Vicio opuesto: afectación, pensamientos forzados.

4. **Energía.** Los pensamientos deben tener el poder del convencimiento. Por esta cualidad, los lectores no sólo deben quedar satisfechos sino también identificados con el autor.

Vicio opuesto: pensamientos vanos sin poder de convencimiento.

5. **Solidez.** Los pensamientos de la obra literaria deben ser profundos, de un peso extraordinario, capaces de hacer reflexionar. Nadie discutirá ante un pensamiento sólido.

Vicio opuesto: nimiedad, futilidad.

6. **Oportunidad.** Los pensamientos deben adecuarse al asunto que se está tratando y a las circunstancias que vive la sociedad.

Vicio opuesto: inoportunidad, impertinencia.

7. **Decencia.** Por esta cualidad, los pensamientos jamás deben herir la dignidad. Enaltecer la calidad humana y sus virtudes es labor que compromete a todos.
Vicio opuesto: indecencia, inmoralidad.

CUALIDADES DE LA PALABRA

1. **Corrección.** El lenguaje utilizado en la obra literaria debe ser enteramente gramatical. Ésta es una cualidad primordial, porque la palabra bien empleada y sin defectos da calidad a la obra.
Vicios opuestos: barbarismos y solecismos.
2. **Pureza.** Por esta cualidad, deben usarse estrictamente palabras del caudal del castellano, con ello se demuestra afecto y respeto al idioma.
Vicio opuesto: extranjerismos.
3. **Naturalidad o espontaneidad.** Las palabras deben brotar con suma facilidad, lo que reflejará un verdadero dominio del idioma.
Vicio opuesto: la afectación.
4. **Precisión.** Por esta cualidad, las palabras deben traducir lo que en verdad se quiere decir y no otra cosa. Aquí debe tenerse mucho cuidado con las expresiones de doble sentido que no sólo ocasionan la duda, sino que desorientan y dañan.
Vicio opuesto: imprecisión.
5. **Moralidad.** Las palabras que se usan no deben nunca herir el pudor, la decencia, la delicadeza.
Vicio opuesto: vileza, indecencia.

MOMENTOS DE LA COMPOSICIÓN

Escribir es una labor de voluntad, cuidado y esmero. Firme anhelo de componer debe bullir en la persona.

191

Con el propósito de alcanzar los éxitos deseados, todo escritor ha investigado acuciosamente los momentos de la composición. Es ventajoso su conocimiento. Los momentos de la composición son: invención, disposición y elocución.

1. **La invención.** Consiste:
   a. En determinar el asunto materia de ejecución. Sobre qué y el título que llevará.
   b. Quien escribe calculará si tiene suficiente dominio para tratar el tema que se propone, pero si está fuera de sus posibilidades no lo abordará.
   c. La invención es el momento de la recopilación de las ideas; abundante debe ser el acopio que se haga.
2. **La disposición.** Con el cuidado y habilidad necesarios, se ordenarán las ideas recopiladas.
   Previo examen, selección y calificación, se colocarán los pensamientos en el lugar que les debe corresponder, unos irán al comienzo, otros al medio, los demás al final.
3. **La elocución.** Consiste en hacer realidad el objetivo propuesto: ideas y pensamientos son revestidos con el atractivo ropaje de la palabra. Se concluye lo que se planeó escribir.

CLASES DE COMPOSICIÓN

Las diversas clases de composiciones son: narración, descripción, diálogo y exposición.

LA NARRACIÓN

La narración es el relato de los hechos reales o imaginarios.

El relato es el elemento primordial de la narración y debe ser presentado en forma amena, clara y ordenada.

La *acción central* de la narración hace posible la *unidad*, los episodios o hechos secundarios contribuyen al relieve y variedad del relato.

PARTES DE LA NARRACIÓN:·

1. **La exposición.** Llamada también introducción, consiste en una información breve del hecho, indicando el tiempo y lugar de su realización por los personajes. El *protagonista* es el personaje central y sobre quien recae el peso de la obra.
2. **El nudo.** Los hechos que se desarrollan se tornan cada vez más interesantes, se enredan y llegan a su clímax, entonces surge la necesidad de una solución.
3. **El desenlace.** Es la solución del nudo. Es la parte final, debe ser breve y acorde con el propósito de lo narrado.

Las especies narrativas son: la novela, el cuento, la historia, la leyenda, la crónica, la efemérides, la tradición, la anécdota, la fábula, la parábola, la biografía, la autobiografía, etc.

LA DESCRIPCIÓN

La descripción consiste en retratar o pintar con palabras a las personas, animales, cosas, paisajes y todo lo que hay en el mundo exterior, así como también todo lo creado por nuestra imaginación o fantasía.

Una buena descripción debe provocar en nosotros la grata sensación de estar viendo nítidamente personas y cosas.

La descripción, para lograr sus mejores propósitos, se adecúa a lo siguiente:

a. Ubicar el objeto indicando dónde se encuentra.
b. Mencionar el tamaño, su forma y color.
c. Resaltar los rasgos principales; lo secundario se mencionará sólo en cuanto convenga.
d. Expresar justas evaluaciones.

CLASES:

1. **La prosopografía.** Es la descripción física de la persona, realzando sus rasgos fundamentales.
2. **La etopeya.** Es la mención de las cualidades morales de la persona, incluyendo sus costumbres y metas de su vida.
3. **El retrato.** Es al mismo tiempo la descripción física y moral de la persona; es la sabia combinación de prosopografía y etopeya.
4. **El paralelo.** Es la comparación de las vidas de dos personajes. Tiene por finalidad reconocer y realzar genialidades y virtudes, motivar lecciones para la posteridad.
5. **La caricatura.** Es la descripción jocosa de una persona. La caricatura no debe motivar la burla ni el rechazo; la deformación de las características y el tono burlesco empleado, deben ser hechos con altura.

LA EXPOSICIÓN

La exposición es la presentación ordenada y muy fundamentada de un razonamiento sobre una verdad, un hecho y asuntos de diversa índole.

A la exposición pertenecen: el discurso, la conferencia, el sermón o mensaje religioso, la crítica, el ensayo, la exhortación, la lección, los tratados de educación, etc.

194

EL DIÁLOGO

Conforme ya se ha expuesto, el diálogo es la conversación entre dos o más personas u otros seres reales o imaginarios.

El teatro, que incluye la tragedia, el drama, la comedia y demás especies menores, usa el diálogo.

FORMAS EXTERIORES DE LA COMPOSICIÓN

LA PROSA Y EL VERSO

Para comunicarse, la persona recurre con su lenguaje a una gama de modalidades.

En todo ser humano, en mayor o menor grado, hay en lo interior ritmo y armonía, eso es innegable y debe ser objetivado libremente.

Dos son las formas predominantes de expresión: la prosa y el verso.

I. **La prosa.** Es la expresión del pensamiento mediante oraciones sucesivas. La prosa se tiñe también de galanuras, no desecha la musicalidad, igualmente se impregna de armonía. Hay prosas de inefable belleza. Infinidad de producciones literarias están escritas en prosa y al lado de ellas otras redacciones de diversa índole: cartas, actas de organizaciones, periódicos y revistas, leyes, documentos políticos, diplomáticos, económicos, etc.

II. **El verso.** Es la expresión del pensamiento y sentimiento mediante un lenguaje especial sujeto a reglas y licencias. En su sentido lato, verso equivale a poesía.

Las composiciones en verso cautivan, es una verdadera sinfonía con la palabra.

POÉTICA

La poética es el arte de la poesía.

Poesía. Es la expresión de la belleza mediante el lenguaje o frases artísticas.

Verso. Es la frase artística sujeta a medida.

De lo expuesto se infiere que la poesía es lo general, el conjunto, y el verso es parte de ella.

ELEMENTOS TRADICIONALES DEL VERSO CASTELLANO

El verso castellano o español tiene los siguientes elementos: métrica, rima y ritmo.

MÉTRICA

Métrica o medida. Es determinar el número de sílabas de un verso teniendo en cuenta las licencias poéticas y la ley de los acentos finales.

LAS LICENCIAS POÉTICAS

Las licencias poéticas consisten en el permiso o consentimiento que goza el poeta para alargar o acortar los versos y lograr así la ansiada musicalidad.

Las licencias poéticas son: la sinalefa, el hiato, la sinéresis y la diéresis.

1. **La sinalefa.** Consiste en unir la vocal final de una palabra con la vocal inicial de la siguiente para formar una sola sílaba. Ejemplo:

   «Yo vagaba mucho tiempo en el error» = 11 sílabas

   «Despliegue el cristiano su santa bandera» = 12 síl.

2. **El hiato.** Es licencia poética opuesta a la sinalefa. Consiste en la separación de dos vocales, final la una e inicial la otra, evitando la sinalefa. Ejemplo:
«En un aposento / alto» = 8 sílabas
«Cristo me / ama, bien lo sé» = 8 sílabas
3. **La sinéresis.** Consiste en unir, dentro de una palabra, dos vocales que no forman diptongo. Ejemplo:
«Quiero seguir las pisadas del Maestro» = 11 sílabas
«Hermano, tu fe reaviva = 8 sílabas
4. **La diéresis o dialefa.** Consiste en la separación de las vocales de un diptongo colocando la crema o diéresis (¨) sobre una vocal débil. Ejemplo:
La süave brisa = 6 sílabas
Anhelo llegar al cïelo = 9 sílabas

LEY DE LOS ACENTOS FINALES

Según esta ley, a partir de la última sílaba acentuada de la palabra final de un verso se cuenta una sílaba más. En atención a lo dicho:
a. Las palabras agudas aumentan una sílaba más:
corazón = co - ra - zo - ón = 4 sílabas
amor = a - mo - or = 3 sílabas
Con mi corazón... = 6 sílabas
Te amo Dios de amor... = 6 sílabas
b. Las palabras llanas o graves permanecen igual:
cielo = 2 sílabas   divino = 3 sílabas
En el dulce cielo = 6 sílabas
Mora el Dios divino = 6 sílabas
c. Las palabras esdrújulas disminuyen una sílaba:
alábale = 3 sílabas   adórale = 3 sílabas
Con fervor de tu corazón alábale = 11 sílabas
Ungido de su Espíritu adórale = 11 sílabas
«Dios está restituyendo = 8 sílabas
este gran Penstecostés... = 8 sílabas

197

y el Espíritu sus dones = 8 sílabas
nos reparte otra vez» = 8 sílabas

EL RITMO

El ritmo es la musicalidad de los versos. El ritmo constituye el alma de la poesía. En la actualidad, con el versolibrismo, pueden desaparecer la métrica y la rima, pero el ritmo permanece.

El ritmo resulta de la acertada distribución de los acentos.

La pausa. Es la detención o silencio en la lectura de los versos; puede ejecutarse al medio, al final de ellos o al terminar las estrofas.

Cesura. Es la pausa que se ejecuta en el interior del verso.

Hemistiquio. Es cada parte de un verso dividida por la cesura, esto se cumple en los versos de arte mayor (más de ocho sílabas).

RIMA

Rima es la igualdad o semejanza al final de los versos a partir de la última sílaba acentuada.

Clases: rima consonante o perfecta y rima asonante o imperfecta.

1. **Rima consonante o perfecta.** Es la igualdad de vocales y consonantes a partir de la última sílaba acentuada.

Las siguientes palabras pueden usarse para la rima perfecta:

amor y primor	mansión y compasión
cantar y recitar	piedad y ansiedad

Todos los seres

Si yo tuviera un diamante,
¿Sabéis a Quién lo daría...?
A Cristo, el Divino Infante
Que redimió el alma mía.
DANIEL NUÑO

2. **Rima asonante o imperfecta.** Es la igualdad sólo de vocales, no de consonantes, a partir de la última sílaba acentuada.

Las siguientes palabras pueden emplearse para la rima imperfecta:

cántico y cándido	Lola y rosa
camino y bonito	corona y paloma

En las campanitas del musgo
caerá el eco del sol
por la vereda del muro.
ARTURO USLAR PIETRI (venezolano)

CLASES DE VERSOS
POR EL NÚMERO DE SÍLABAS

No hay versos de una sola sílaba porque la palabra monosílaba al aplicársele la ley de los acentos finales siempre será de dos sílabas:

¡Oh,	Noche
yo!,	triste
¿quién	viste
ve	ya,
do	aire,
va?	cielo,
ZORRILLA (español)	suelo,
	mar.

GERTRUDIS GÓMEZ DE
AVELLANEDA (cubana)

199

Examine la enumeración siguiente:
Versos de arte menor (2 a 8 sílabas):
bisílabos   2 = Santo
trisílabos   3 = Por mí...
tetrasílabos   4 = Canta, canta
pentasílabos   5 = Glorioso cielo
hexasílabos   6 = Dulce melodía
heptasílabos   7 = Escúchame, Señor...
octosílabos   8 = Que mi vida entera esté...
Versos de arte mayor (de 9 en adelante):
eneasílabos   9 = «Indio que asomas a la puerta»
                               (CHOCANO).
decasílabos   10 = «Ha muchos años que estoy
                               enfermo» (A. NERVO).
endecasílabos   11 = «Al promediar la tarde de aquel
                               día» (L. LUGONES).
dodecasílabos   12 = «Al ídolo de piedra reemplaza
                               ahora» (A. NERVO).
tridecasílabos   13 = «¡Santo! ¡Santo! ¡Santo! Señor
                               Omnipotente» (HIMNARIO).
alejandrinos   14 = «¡Qué hermoso es seguir las pi-
                               sadas del Maestro!» (HIMNARIO).

ESTROFA

Se llama estrofa al conjunto de versos dispuestos simétricamente.
Clases de estrofas:
1. **Pareado.** Es la estrofa de dos versos:
       Aunque se vista de seda,
       la mona, mona se queda.
                      (T. DE IRIARTE)
2. **Terceto.** Es el conjunto de tres versos que riman al arbitrio del poeta pero cierran con un cuarteto.
3. **Cuarteto** (arte m.). Es la estrofa de cuatro versos que

riman el primero con el cuarto, el segundo con el tercero.
Esquema: ABBA.

Cuarteta. Estrofa de arte menor que rima el primero con el tercero, el segundo con el cuarto.
Esquema: ABAB.

4. **Quinteto** (arte m.). Estrofa de cinco versos, riman al arbitrio del poeta, pero que tres versos no rimen seguidamente, no formen pareado el cuarto con el quinto y no haya ningún verso suelto.
Quintilla. Estrofa de arte menor.

5. **Sexteto o sextina.** Es el conjunto de seis versos que riman el primero con el segundo, el tercero con el sexto y el cuarto con el quinto.
Esquema: AABCCB.

6. **La octava.** Es la combinación de ocho versos.
División:
a. *Octava real.* Tiene versos endecasílabos (arte mayor) y riman: segundo con tercero, cuarto con octavo, quinto con sexto; el primero y el quinto quedan libres.
Esquema XAABXCCB.
b. *Octavilla.* Estrofa con versos de arte menor.

7. **Décima.** Es la agrupación de diez versos octosílabos, riman primero con cuarto y quinto, segundo con tercero, sexto con séptimo y décimo, octavo con noveno.
Esquema: ABBAACCDDC.

8. **Soneto.** Es la combinación de catorce versos endecasílabos. El conjunto se divide en dos estrofas de cuatro versos y dos estrofas de tercetos (4 + 4 + 3 + 3 = 14 versos).
Esquema: ABBA, ABBA, CDC, DCD.

VERSOLIBRISMO

La poesía clásica respetó con acentuado afecto la métrica, rima y ritmo; al amparo de esa norma se escribieron poesías de valor sin igual.

En la actualidad surge el versolibrismo, que abandona la medida y la rima pero mantiene el ritmo, que es la esencia y alma de la poesía. Surgen así poesías en verso libre donde el poeta prosigue manifestando su genialidad y creatividad.

La innovación comienza con el insigne poeta nicaragüense Rubén Darío, seguido por José Asunción Silva (colombiano) y Julián del Casal (cubano); surgen en España poetas de la talla de Antonio Machado, Federico García Lorca, Juan Ramón Jiménez, etc., etc.; igualmente connotados poetas hispanoamericanos han reforzado y embellecido el cultivo del verso libre.

La familia evangélica, que vive ríos de agua viva en su interior, luz y revelación divinas, está intensificando su creación poética. ¡Magnífica labor!

Para la honra y gloria de Dios citamos algunas:

Me entretuve

Me entretuve mirando cómo el viento
a los árboles del campo Él movía,
me olvidé que en el transitar por este mundo
acechado de peligros yo vivía.

Me entretuve escuchando cuántas cosas se decían,
no entendiendo que estas cosas negativas
de tu amor Señor me apartarían.

Me entretuve Señor te lo confieso,
no pensaba que tal cosa pasaría,
pero en esta noche me arrepiento
y prometo servirte cada día.

Me entretuve Señor y dejé de alabarte
y sentí que mi alma se moría,
no pensando Señor y escuchando
cuántas cosas a mi lado la gente se decía.

Es por eso Señor que no me atrevo a decirte
lo feliz que me sentía
cuando por primera vez yo te acepté
y escuchar a la gente no quería.

Me entretuve Señor pero prometo
que de ahora en adelante
viviré muy pendiente de mi alma
y jamás a la gente imitaré.

Rev. Juan Rivera. Portorriqueño.

Todos los seres

Todos los seres del mundo
celebran la Navidad,
por ser la fiesta del cielo,
que proporciona consuelo
a toda la humanidad.

Sinceridad

Yo no soy un niño bueno
porque hago mil travesuras,
mas mi tierno corazón
hoy canta con devoción,
¡Gloria a Dios en las alturas!

Daniel Nuño

GÉNEROS LITERARIOS

Se llaman géneros literarios a las grandes agrupaciones que se hacen de las producciones literarias en razón de su semejanza y diferencia.

Dos son los grandes géneros literarios: en prosa y en verso.

GÉNEROS LITERARIOS EN VERSO

A esta agrupación pertenecen: la poesía épica, la poesía lírica y la poesía dramática.

LA POESÍA ÉPICA

Es la poesía objetiva que con un lenguaje impresionante canta los hechos portentosos que el hombre ha protagonizado: batallas, hazañas de héroes, conquistas, descubrimientos, etc.

En el devenir histórico, la épica es la primera poesía en aparecer; entonces el poeta épico resulta el vocero del grupo, y como tal es la expresión de la conciencia de la colectividad.

A la épica pertenecen:

«La Ilíada» y «La Odisea» de Homero, que ensalzan la lucha que sostuvieron los griegos y troyanos.

«La Eneida» de Virgilio, que exalta a Eneas como el antecesor del pueblo romano.

«Mahabarata» de Vyassa y «Ramayana» de Valmiki, que cantan hazañas del pueblo hindú de antaño.

«La Divina Comendia» de Dante Alighieri, tiene un contenido religioso impresionante.

«Jerusalén libertada» de Torcuato Tasso, que trata la lucha del cristianismo medieval sobre el mundo oriental.

204

«La Araucana» de Alonso de Ercilla, trata sobre la conquista de Chile.

«El paraíso perdido» del gran poeta cristiano John Milton, que canta la génesis del mundo y la tragedia que arrastró la caída del hombre.

Pero no podríamos omitir las manifestaciones de la épica en el Antiguo Testamento:

El formidable Canto de Moisés en el capítulo 15 de Éxodo y 32 de Deuteronomio, exaltan la poderosa participación de Jehová conduciendo a su pueblo amado en victoria.

Tampoco olvidamos el magnífico Canto de Débora al vencer a Sísara (Jueces 5).

ESPECIES ÉPICAS

1. **La epopeya.** Es la poesía épica por excelencia que canta grandes hechos que interesan a un pueblo y a la humanidad. Comprende:
   a. *Epopeya heroica*, trata sobre hazañas portentosas de pueblos, guerreros, reyes, etc.
   b. *Epopeya religiosa,* exalta la participación de la divinidad.
2. **Poema épico.** Se parece a la epopeya, sus temas son menos extraordinarios.
3. **Poema burlesco.** Es de relativa magnitud, trata sobre hechos de cierta jocosidad.

LA POESÍA LÍRICA

La poesía lírica es la poesía subjetiva, y como tal canta los sentimientos del mundo interior en forma muy emocionada. Sus temas son el amor, el dolor, la queja, la alegría, la admiración, etc.

En el paso de los tiempos, la poesía lírica aparece después de la épica y el poeta lírico se torna individualista, opone su sentir personal resueltamente ante el grupo.

El poeta lírico vive y hace vivir un mundo de emociones inefables.

El mundo entero ha producido y produce preciosísimas composiciones líricas.

Y volvemos a decir que los hijos de Dios también han producido poesías líricas inigualables, ahí están los Salmos de David y el Cantar de los Cantares de Salomón.

ESPECIES LÍRICAS

1. **La oda.** Es la poesía lírica representativa. Canta los sentimientos con elevación, arrebato y entusiasmo. Se subdivide:
   a. *Oda heroica*, exalta hazañas guerreras.
      «A la muerte del rey don Sebastián», de Herrera.
   b. *Oda filosófica*, canta virtudes humanas.
      «Vida retirada», de Fray Luis de León.
   c. *Oda sagrada*, realza asuntos relacionados con Dios.
      «En la Ascensión», de Fray Luis de León.
   d. *Oda anacreóntica*, llamada también festiva, trata sobre los placeres de la vida que no degradan.
2. **La elegía.** Es la poesía lírica que con acentuado dolor canta la desaparición de un ser amado.
   «Coplas a la muerte de su padre», de Jorge Manrique.
3. **Canción.** Tiene un contenido diverso y se parece en mucho a la oda.
   «Cantigas», de don Alfonso X el Sabio.
4. **Himno.** Fervorosa composición lírica que admite ser ejecutada en música.
   «Firmes y adelante» (Himnario Evangélico).

5. **Epitalamio.** Poesía lírica dedicada a los recién casados.
6. **Madrigal.** Canta la hermosura de la mujer.
7. **Sátira.** Censura y ridiculiza personas y cosas.
8. **Letrilla.** Es ágil composición lírica sobre asuntos amorosos, festivos o satíricos, puede llevar un *estribillo* al final.
9. **Epigrama.** Es poesía lírica de gran ingenio y agudeza.
10. **Balada.** Poesía que canta un pasado en tono melancólico.

LA POESÍA DRAMÁTICA

La poesía dramática o teatro tiene por objeto llevar a escena hechos de la vida real o imaginaria.

El teatro tiene dos grandes finalidades: educar y agradar. Jamás debe tornarse en un simple pasatiempo.

El propósito de educar es de enorme importancia para el público espectador; defectos humanos pueden ser corregidos, grandes y positivas lecciones de superación se pueden lograr.

El teatro gusta, emociona, mueve profundamente la sensibilidad. El espectador vive momentos de intensa complacencia, comprende el tema de la representación y se identifica con los personajes.

En nuestras iglesias cristianas, algunas veces, ya sea en el recinto central o en salones adyacentes, se llevan a efecto representaciones tendientes a llamar la atención del pecador o a mejorar la vida espiritual de la hermandad, y a educar y complacer a la infancia.

ORIGEN DEL TEATRO

El origen del teatro se remonta a la antigüedad. En cada cultura, en todos los continentes, el hombre trató de representar sus actividades y costumbres: idilios, danzas, sembradíos y cosechas, guerras tribales, luchas entre héroes, ritos religiosos, caza, viajes, etc.

Pero es en Grecia donde el teatro toma forma definitiva.

La tragedia griega asumió caracteres de perennidad y al lado de ella se cultivó la comedia. El diálogo hizo su aparición.

En la Edad Media, los Autos Sacramentales, representaciones sobre temas religiosos, tuvieron gran preferencia.

Durante la Edad de Oro de la Literatura Española se perfecciona el drama. A partir del siglo xix el teatro llega a su mayor perfeccionamiento.

El teatro está considerado como un género mixto: tiene de épico y lírico, y su ingrediente esencial es el diálogo.

ELEMENTOS DE LA OBRA TEATRAL

Sus elementos son: el plan, la acción dramática y los personajes.

1. **Plan.** El desarrollo de la obra teatral tiene que adecuarse a un plan, disposición general, cuyos momentos son: la exposición, el nudo y el desenlace.
   a. *La exposición*, consiste en la breve información del argumento y tendiente a familiarizar al espectador. La técnica contemporánea la prescinde.
   b. *El nudo*, las acciones se complican al desenvolverse, se entrelazan, forman un nudo y causan gran interés por saber cuál será la conclusión.

c. *El desenlace.* Es la solución del nudo. Debe ser verosímil y libre de afectaciones.
2. **La acción dramática.** Es la realización del conjunto de hechos en el escenario.
   El teatro clásico respetó tres unidades:
   a. *Unidad de lugar,* los acontecimientos deberían de ser realizados en un mismo lugar o sitio. No se admitía otra posibilidad.
   b. *Unidad de tiempo,* los hechos desarrollados comprendían a lo que puede hacerse sólo en un día. Con el transcurso del tiempo, las unidades de lugar y tiempo han sido alteradas.
   c. *Unidad de acción,* las acciones realizadas deben girar en torno del hecho principal y para ello se debe contar con un determinado número de personajes.
   La acción dramática motiva pausas y requiere un decorado aparente. La acción comprende: actos y escenas.
   Acto. Es el tiempo que dura la acción desde el alzamiento del telón hasta que cae. Hay obras de un solo acto, pero jamás deben pasar de tres.
   Escena. Es el tiempo de permanencia de los personajes en el escenario; la entrada o salida de ellos se considera como cambios de escena.
   El teatro actual cuenta con la ayuda de grandes recursos técnicos; se unen a ellos un asombroso juego de luces y un equipo sonoro de lo mejor.
3. **Personajes.** El personaje central es el protagonista, él asume todo el peso de la obra. También toman parte otros personajes con un papel secundario.
   Cada personaje debe tener un carácter definido y distinto de los demás. En el teatro de Shakespeare aparecen los personajes con tipicidad propia: Macbeth personifica la ambición.
   Otelo encarna los celos.

Hamlet caracteriza el espíritu de duda: «ser o no ser». Por su parte, Molière (francés) presenta a Tartufo como el tipo de la perversidad y la corrupción disimuladas hipócritamente.

ESPECIES TEATRALES

Las especies mayores son tres: tragedia, comedia y drama.

1. **La tragedia.** Brilló en Grecia. Desarrolla hechos grandiosos que motivan dolor, terror, compasión; su desenlace es trágico.

En la concepción griega, el destino fue inexorable, fatal, trágico e inmutable.

Los grandes poetas trágicos de Grecia son:

Esquilo, algunas de sus obras son: «Orestiada», «Prometeo encadenado», «Los persas», «Las suplicantes», etc.

Sófocles, entre sus obras sobresalen: «Antígona», «Edipo rey», «Áyax», «Filoctetes», etc.

Eurípides, «Alcestes», «Medea», «Electra», «Ifigenia en Táuride», etc.

Los principales trágicos modernos son: Shakespeare, Calderón de la Barca, Corneille, Racine, Maeterlinck, D'Anuncio, García Lorca, etc.

2. **La comedia.** Es la representación teatral destinada a causar jocosidad, distracción o diversión. Sus personajes son hombres comunes que desarrollan asuntos marcadamente satíricos.

Aristófanes fue el gran comediógrafo griego, escribió: «Las nubes», «Las avispas», «Lisístrata», «Las ranas», etc.

Entre los modernos citamos a: Leandro Fernández de Moratín, Jacinto Benavente, Molière, los hermanos Quintero, etc.

Del Perú mencionamos a Manuel Ascencio y Segura y Felipe Pardo y Aliaga.

ESPECIES DRAMÁTICAS MENORES

1. **La ópera.** Es la representación teatral totalmente cantada y musicada:
«El barbero de Sevilla» de Rossini.
«Aída» y «La flauta mágica» de Verdi, etc.
2. **La opereta.** Desarrolla asuntos amorosos y frívolos. Es menos extensa que la ópera. Alterna el diálogo con la música.
«La viuda alegre» y «El conde de Luxemburgo» de Franz Lear.
3. **La zarzuela.** De rigurosa creación española. La acción teatral se desarrolla partes recitada y partes cantada. Trata asuntos de actualidad regional.
«La Dolores» y «La verbena de la Paloma» de Tomás Bretón.
4. **El sainete.** Es de breve extensión. Con jocosidad trata asuntos populares.
5. **La farsa.** Es un género bufo (jocoso, cómico), breve y satírico.
6. **Mimo.** Es una farsa con predominancia de gestos y ademanes; se llama *pantomima* cuando un solo actor desarrolla el mimo.

LA NOVELA

La novela es el relato extenso y ameno de hechos humanos ficticios o posibles de haberse realizado.

Cada día se acentúa la importancia de la novela por lo mismo que trata de reflejar el modo de ser de las personas y colectividades en su interior y en lo exterior.

Los asuntos que trata la novela son diversos. La complejidad de la vida humana, en todas sus facetas, aparece en ella.

Clases de novela: romántica, histórica, social, costumbrista, psicológica, pastoril, picaresca, religiosa, científica, policíaca, de aventuras, folletinesca, etc.

EL ENSAYO

El ensayo es una composición en prosa y de respetable extensión. Trata en forma ágil temas científicos, sociales, políticos, económicos, históricos, educacionales, literarios, etc.

El ensayista exhibe amplia cultura, gran sentido de observación, distinción y valoración. Al presentar su trabajo no agota el tema, deja algo para que otros intervengan y completen.

Miguel de Montaigne es el creador del ensayo, luego surgen Miguel de Unamuno, José Ortega y Gasset, etc.

LA HISTORIA

La historia como género literario es el relato ameno y ordenado de hechos verídicos y memorables acaecidos en el pasado.

Hay intuición en el relato histórico y la intuición tiene que ver con el arte; esto justifica considerar la historia dentro del género literario.

Pero en su sentido estricto se considera a la historia como una ciencia social autónoma, con campo propio, metodología propia y con capacidad de formular leyes para la interpretación histórica.

Nadie puede discutir el valor de la historia, cuyos datos son evidencias indiscutibles para probar la veracidad y valor de los hechos.

Cualidades de un buen historiador:
1. **Cultura.** Su amplia cultura en los diversos aspectos de la ciencia y del arte le permitirán juzgar los hechos en sus motivaciones y proyecciones.
2. **Veracidad.** Presentará los hechos tal como sucedieron. La certeza es la garantía de la historia.
3. **Imparcialidad.** La apreciación de los hechos será totalmente justa, sin inclinación alguna. Tal actitud lo enaltece.
4. **Sentido crítico.** Examinará los hechos otorgándoles el verdadero lugar que les corresponde.
5. **Memoria.** El historiador no olvidará nada. Citará los hechos ordenadamente, con método y claridad.
6. **Imaginación.** El historiador vive los hechos, comprendiendo por qué ocurrieron así y no de otro modo; esto le permitirá presentar los hechos con fidelidad.

DIVISIONES DE LA HISTORIA EN ATENCIÓN AL PASO DE LOS TIEMPOS

1. **Edad Antigua.** Desde los tiempos remotos hasta la caída del Imperio Romano de Occidente (476 d.C.).
2. **Edad Media.** Desde 476 hasta la caída de Constantinopla en manos de los turcos (1453 d.C).
3. **Edad Moderna.** Desde 1453 hasta la Revolución Francesa: 1789.
4. **Edad Contemporánea.** Desde 1789 hasta el presente.

ORATORIA

La oratoria es el arte de hablar en público. Sus finalidades son: persuadir y convencer.

Rol importante asume el orador en su propósito de convencer. A medida que se desarrolla el discurso, el auditorio, integrado por centenas o millares, debe ser inquietado a la aceptación de los argumentos que se exponen, y a la postre los oyentes deben quedar convencidos. Desde el comienzo hasta el final, el orador persuadirá con todos los recursos y estrategias necesarias. Debe salir airoso. No debe hablar en vano.

CUALIDADES DEL ORADOR

Se reclaman del orador las cualidades siguientes: físicas, intelectuales y morales.

Las cualidades físicas: comprometen su buena presencia, el buen empleo de la voz, excelente dominio del lenguaje, emplear con sabiduría gestos y mímicas, cuidadoso movimiento de un lugar a otro.

Cualidades intelectuales: lucir gran vivacidad de inteligencia, penetrante atención, mucha imaginación, fino sentido de apreciación de lo que acontece con el auditorio.

El orador debe tener una respetable cultura general que le permita conocer suficientemente el saber humano. Luego, una sólida cultura especial del arte que cultiva.

Cualidades morales: virtuoso y probo a toda prueba. La integridad moral del orador le permitirá ser admirado y oído.

Jamás debe ser desechado por indecencias o vida censurable.

PARTES DEL DISCURSO

El discurso tiene las siguientes partes: exordio, proposición, confirmación, recapitulación y peroración.

1. **El exordio.** Es la introducción al discurso. Debe ser adecuado y breve. Hay dos clases de exordio:

   a. *El exabrupto:* el orador pasa directamente al asunto.

b. *El de insinuación:* el orador, mediante un breve rodeo, llega al tema.
2. **La proposición.** En esta parte, el orador enuncia el asunto o materia de su discurso.
3. **La confirmación.** Es la parte central de la oratoria, la parte fundamental, donde enfoca detenidamente y con profundidad el tema. Las afirmaciones o pruebas son presentadas gradualmente, comenzando por las simples y terminando con las más contundentes.
4. **La recapitulación.** Es el breve resumen de lo expuesto y evitando cualquier detenimiento.
5. **La peroración.** Es la parte final del discurso; el orador invita con ingenio y energía a la aceptación de lo expuesto, luego se despide.

CLASES DE ORATORIA

1. **Oratoria académica.** Se desarrolla en instituciones educativas: universidades, colegios, centros culturales, etc.
   En la oratoria académica predomina la lógica.
2. **Oratoria forense.** Se desarrolla ante los tribunales de justicia. Es elocuente, reflexiva, persuasiva en la defensa del derecho.
3. **Oratoria política.** Es la más vehemente, polémica y persuasiva. Se desarrolla en recintos especiales ante multitudes expresamente convocadas. Pero ante las masas el orador debe tener tino y sagacidad para no enervarlas y motivar sucesos imprevisibles.
4. **Oratoria militar.** Es la más breve sin dejar de ser fogosa. Propiamente es la *arenga.* Sólo cuatro palabras dijo el general José de La Mar en la famosa batalla de Ayacucho:
   «¡Adelante, paso de vencedores!»
5. **Oratoria sagrada.** Se desarrolla en los recintos sa-

215

grados: iglesia y ambientes similares. El orador sagrado cala hondo sobre el destino final del hombre. El mensajero echa mano de todos los recursos y estilos: hay que llamar al pecador a vida eterna. Para la comunidad redimida, la Iglesia Universal, la oratoria sagrada tiene un nombre propio: *el mensaje*. El verdadero mensaje, lleno de vida, fortaleza, luz, amor y verdad, que mueve duros corazones, es obra del Espíritu Santo. En esta condición presentaron sus mensajes: Pedro, Pablo, Juan, Santiago, etc., etc. Empero el mensajero sublime es el propio Maestro y cuyas palabras siguen resonando: «El cielo y la tierra pasarán, mas mis palabras no pasarán» (Mateo 24:35).

LA CRÍTICA

La crítica tiene por objeto apreciar el valor de un escrito, de una producción literaria.

La crítica realiza una labor de gran trascendencia, de enorme responsabilidad, de luminoso discernimiento, de enjuiciamiento sereno y justo, de comparación y diferenciación, de aliento y reconocimiento; es verdadera labor de docencia y alejándose de ser un juez duro, severo e insensible.

Gracias al veredicto noble, sagaz e imparcial de la crítica, las producciones literarias enaltecen al propio ser humano.

El crítico reunirá condiciones singulares para ejecutar su función evaluadora: ser verdadero intérprete, visión clara de los afanes humanos, sensibilidad e imaginación, elevada cultura, buen gusto.

El crítico adecúa su labor en esta forma:

a. Usa el método analítico para penetrar en cada parte de la obra. Examina en detalle y reconoce su valor.

b. Ejercita la síntesis para tener una clara visión de conjunto y luego emitir su veredicto.

c. Actuar en todo momento con sensibilidad, serenidad, honradez e imparcialidad.

d. La conclusión a que llega debe merecer el beneplácito de todos.

EL PERIODISMO

El periodismo es la actividad consistente en editar con regularidad una serie de publicaciones: periódicos y revistas, y complementado con el periodismo radial y televisado.

La labor fundamental del periodismo es: informar, orientar y divulgar.

1. **La información.** Si «el gran dolor del mundo es el aislamiento», el periodismo como asombroso medio de comunicación *informa* el diario acontecer en el mundo entero.

Todos debemos saber lo que sucede, nada debemos ignorar. La humanidad vive momentos cumbres que bien pueden decidir su destino. Los cambios en la sociedad alternan lo alarmante con lo edificante, naciones grandes y pequeñas protagonizan hechos que nunca se calcularon.

Pero la información debe ser oportuna y rápida, verídica, sin recortes ni añadidos, se debe saber lo cierto sin alteración alguna.

La deformación periodística, llamémosla por su nombre propio: *la desinformación*, es dañina, propende falsedades y sacrifica la fidelidad de lo sucedido y dicho.

2. **La orientación.** El periodismo forma la conciencia social. Las colectividades muchas veces piensan y sienten con las publicaciones que leen, hasta pueden

identificarse con ellas; por eso el periodismo debe realizar una verdadera labor de magisterio: educar y orientar.

El periodismo ha sido considerado como el quinto poder del Estado por la decisiva labor que realiza con la persona, los grupos y con la nación. El buen periodismo marca la ruta de la sociedad, pero sus mordaces críticas pueden causar inestabilidad entre gobernantes y gobernados.

3. **La divulgación.** Si bien el informar es tarea principal del periodismo, con todo realiza también otra función de beneficios invalorables: la divulgación.

La divulgación periodística hace posible estar al día con las recientes conquistas de la ciencia, proezas de la conquista del espacio, etc., y así la difusión alcanza al arte, la educación, la filosofía, la técnica, la religión, etc. De este modo todos avanzamos y no quedamos a la zaga.

CLASES DE PERIODISMO

1. **El periodismo escrito.** Usa la prensa o imprenta. Asume dos modalidades notorias:
   a. *El periódico,* que se edita diariamente, pudiendo ser según necesidades: matutinos, vespertinos, nocturnos, diarios, interdiarios, semanarios, mensuarios, anuarios.
   b. *Revistas o magazines,* que, con un formato especial, papel por lo general fino, nutrido de fotograbados, tratan con mayor detenimiento temas de interés local, nacional y mundial.
2. **Periodismo radial.** Debido al poco tiempo disponible el periodismo radial es preciso. Presenta hora tras hora el acontecer mundial, nacional y local.

El oyente radial no es uno sino miles, y quizás

millones en algunas ocasiones; en atención a esto el periodista radial exhibirá su excelente dominio profesional y un lenguaje que no motive críticas, debe ser un magnífico hablante.

3. **El periodismo televisado.** Gira mayormente sobre noticiarios y entrevistas.
La vista y el oído intervienen en forma predominante y activa. En pocos minutos se resume el acontecer mundial y local, alternando con vistas tomadas en el lugar mismo de los sucesos. En cuanto a la entrevista, el que entrevista y el entrevistado observarán mucho cuidado, porque el público televidente está apreciando con sus propios ojos todo lo que está sucediendo en «vivo y en directo».

CARACTERÍSTICAS DEL GÉNERO PERIODÍSTICO

Todo escrito periodístico debe adecuarse a lo siguiente:
1. *Agilidad y amenidad.*
2. *Lenguaje vivaz* adecuado para informar el paso incesante de los hechos.
3. *Concisión*, la velocidad de la vida demanda precisión y exactitud. Se tendrá mucho cuidado de usar el lenguaje perifrástico.
4. *Oportunidad*, la información debe ser presentada de inmediato, no extemporáneo.
5. Evitar en todo momento el sensacionalismo y la desinformación.

SECCIONES DE UN PERIÓDICO

El periódico es un todo ordenado. La ubicación de los asuntos, tan numerosos y diferentes, puede variar. La diagramación le da al periódico originalidad, atracción y buena presentación.

Las secciones más usuales son:

1. *Noticias.* Pueden ir en la primera página facilitando al lector la lectura inmediata de los sucesos, pero ponerlas en las páginas interiores es admisible.
2. *Editorial.* Refleja la opinión fundamental del periódico sobre asuntos de actualidad. En cierto sentido, la nota editorial es la parte más sustantiva de un periódico.
3. *La crónica,* es otra parte interesante que informa una serie de sucesos sociales, deportivos, policiales, etc.
4. *Comentario,* profundiza el significado de los acontecimientos. Muchos periódicos cuentan con famosos comentaristas.
5. *Artículo,* es un escrito de cierta extensión donde el articulista expone sus opiniones sobre temas económicos, políticos, sociales, culturales, etc.
6. *Encuestas,* son informaciones que se logran tomando contacto directo con las personas. La encuesta debe ser oportuna, hecha con claridad. Debe evitar favorecer a personas o grupos, el tiempo puede corroborar su acierto o desacierto.
7. *Entrevista y reportajes,* se efectuarán con sabiduría en un ambiente de confianza.

CAPÍTULO VII

La redacción

La redacción es la ejecución de una variedad de documentos. El dominio del lenguaje es importante requisito en toda redacción. Las palabras que se usan deben ser bien conocidas.

Las palabras –en el lenguaje oral y escrito– tienen tres significados: sentido estricto, sentido extensivo y sentido figurado.

a. *Sentido estricto*, es el que le corresponde por naturaleza:

La *hoja* es el órgano laminar de la planta.

Aquí la palabra *hoja* se ha usado en el sentido que verdaderamente le corresponde.

b. *Sentido extensivo*, es el que se usa por semejanza inmediata:

La *hoja* del libro. La *hoja* de afeitar.

La palabra *hoja* se ha usado por significación aproximada. El libro tiene hojas y eso nadie lo discute.

c. *Sentido figurado*, es el que se usa por símil aceptando en el pensamiento su figuración como alegoría o imagen:

«Las ilusiones perdidas
son, ¡ay!,
hojas desprendidas
del árbol del corazón.»

Aquí hacemos la concesión de que la ilusión es verdadera hoja y el corazón verdadero árbol.

221

Usualmente la redacción comprende la preparación de numerosos escritos: cartas, oficios, solicitudes, circulares, memorandos, esquelas, citaciones, anuncios, avisos, reglamentos, edictos, leyes, actas, inventarios, etc., etc.

REQUISITOS DE UNA BUENA REDACCIÓN

1. **Claridad de lo expresado.** Por este requisito se evitarán confusiones, dudas y errores de interpretación.
2. **Precisión.** La exactitud y la concisión otorgan inmenso valor al escrito. Solamente la carta familiar puede variar en su extensión.
3. **Lenguaje correcto.** Todo documento debe estar revestido de la corrección. Lenguaje rigurosamente gramatical.
4. **Redacción ejecutada con aprecio y responsabilidad,** teniendo la previsión de que muchos documentos pasarán a los archivos de instituciones y quizás al Archivo Nacional.

LA CARTA

La carta es un escrito que se remite a una persona dando cuenta de algo.

El contenido de la carta varía según los propósitos y las circunstancias.

Toda buena carta debe estar revestida de: oportunidad, claridad, precisión, sencillez y cortesía.

Clases de cartas: familiares, de felicitación, invitación, pésame, comerciales, carta poder, etc.

Las cartas se adecuarán a lo establecido por el consenso general. El sobre, igualmente, debe llevar correctamente el nombre y dirección de la persona a quien se remite; cualquier equivocación originará el extravío o su devolución. En la parte superior izquierda del sobre, el remitente pondrá su nombre y dirección.

PARTES DE LA CARTA

Cuatro son las partes fundamentales de la carta: el encabezamiento, el cuerpo de la carta, la despedida y la firma.

1. **El encabezamiento.** Esta parte comprende:
   a. *Data*: lugar y fecha.
   b. Nombre completo del destinatario.
   c. Ciudad de residencia del destinatario.
   d. *El vocativo* es breve y varía según la dignidad de las personas a quienes se dirige: Muy amado padre. Amadísimo hijo. Apreciado siervo del Señor. Estimado hermano en la fe. Queridísimo amigo, etc.
2. **El cuerpo de la carta.** Contiene:
   a. Un saludo breve y adecuado.
   b. El cuerpo propiamente dicho es la parte esencial, de larga extensión según finalidades; debe ser redactado con gran afecto, visión y propósitos elevados.
3. **La despedida.** Debe ser breve, afectuosa y teñida de calor sincero.
4. **La firma.** Puede figurar sólo el nombre del remitente, pero es aconsejable poner el nombre completo para casos en que alguna vez las autoridades lo requieran (pérdida de documentos adjuntos, documentos valorados, etc.).

MODELO DE CARTA FAMILIAR

Lima, 15 de septiembre de 199...

Sr. X. X.
NEW YORK

Muy amado hijo:

Prosigo elevando mi oración al trono de la gracia de Dios por la constante bendición de tu espíritu, alma y cuerpo. Nuevamente te expreso mi saludo en el inefable amor del Señor Jesucristo.

Hijo, hace muchos años, muy joven viajaste a los EE.UU. de Norteamérica, nación grande y poderosa, tierra de misioneros y evangelistas, en tu buen propósito de buscar mejores horizontes.

Del hogar partiste con oración y nuestro amoroso Padre Celestial te acompañará en todo momento y porque Él sabe cumplir su promesa: «... no te dejaré, ni te desampararé» (Josué 1:5).

Vive, pues, consagrado y bien cimentado, estudiando la Sagrada Biblia, sin faltar a los cultos, escuchando los mensajes y poniendo tus ojos y corazón en Dios. Esto harás por sobre toda preocupación, porque en definitiva vamos caminando a la Patria Celestial.

Hijo, mientras dura el peregrinaje, trabajarás como que nunca vas a morir, pero vivirás como si hoy fuese el último día.

Cuida mucho tu salud y cuídate en todo. Aquí, tu amada madre, tu querida hermana y yo, vivimos al amparo divino. Es cierto que nuestra nación pasa por momentos jamás imaginados, es el cumplimiento de los tiempos. Empero nuestro Dios Todopoderoso nos bendice y nos guarda. ¡Gloria a Dios!

Me despido deseándote bendición y bienestar. Un estrechado abrazo de tu padre.

¡Dios te bendiga!

X. X.

MODELO DEL SOBRE

Juan Pérez
Avenida Cuba, 789
LIMA - PERÚ

sello

Sr. José Pérez

228 Lincoln Avenue
ELIZABETH, N.J. 07208
U.S.A

CARTA DE UN HIJO A SU MADRE

Elizabeth, 5 de julio de 199...

Sra. X. X.
CALLAO
Amadísima madre:
Nuestro amoroso Padre Celestial te bendiga siempre y siempre en todo: salud, hogar, bienestar y, por sobre todo, tu vida espiritual.
Te saludo, madre amada, en el preciosísimo amor del Señor Jesús; este mismo saludo expreso para mi apreciado padre y para mi querida hermana.
¿Cómo te hallas, madrecita? ¿Cómo están por casa? Nuestro Dios Todopoderoso ha de permitir para que se encuentren bien.
Diariamente oro por todos Uds. y me aferro en la preciosa Palabra de Dios que dice: «Con mi voz clamé

a Jehová. Y él me respondió desde su monte santo...»
(Salmo 3:4).

Ahora, madre amada, agradezco primeramente a Dios
por la vida que me ha dado y por la salvación mediante
el sacrificio del Cordero de Dios: nuestro Señor Jesús,
y luego a ti, porque como madre verdadera y con gran
visión me condujiste en camino verdadero y me educaste
esmeradamente, hoy tengo estable y buena remunera-
ción y lo compartiremos: seguiré enviando mensualmen-
te dinerito de bendición y les servirá en algo cuando ahora ahí nuestro país vive momentos de apremio.

La paz de lo alto permanezca en tu corazón, acentúa
el gozo de tu alma. Dios te bendiga ahora y eternalmente.

X.X.

LA SOLICITUD

La solicitud es un escrito que tiene por objeto pedir
algo a una determinada autoridad.

Cada país usa cierta clase de papel para este documento, siendo el más generalizado el «papel sellado»
con un determinado valor monetario.

La solicitud debe ser redactada con claridad y los
motivos expuestos con precisión.

PARTES DE LA SOLICITUD

1. **Sumilla.** Es la parte que va en el encabezamiento,
   todo con mayúscula, indicando lo que se pide:
   SOLICITA CERTIFICADO DE ESTUDIOS. SOLI-
   CITA SE LE EXTIENDA DIPLOMA DE GRADUA-
   CIÓN, etc.

2. **Destinatario.** Se menciona a la autoridad a quien va dirigida la solicitud:
Señor Director del Colegio...
Señor Rector de la Universidad...
Señor Ministro de Educación...
3. **Datos del solicitante.** Se mencionan el nombre y apellidos del solicitante, luego su libreta de identificación y finalmente su domicilio.
4. **Considerandos.** Se expresan ordenadamente los motivos relacionados con la petición.
5. **Solicitud.** Es la parte donde se precisa lo que se pide.
6. **Conclusión.** Se escriben fórmulas de acuerdo a ley:
Es justicia que espero alcanzar.
Es justicia.
7. **Lugar y fecha.** (Las fechas deciden prioridades de trámite.)
8. **Firma.** Encima del nombre y apellidos, escritos a máquina o maquinilla, la persona pone su firma y rúbrica.

(A continuación se presenta un modelo de solicitud.)

SOLICITA CERTIFICADO DE ESTUDIOS

Señor Director del Colegio Nacional . . . .
Z. Z., con Libreta Electoral Nº . . . . . , domiciliado en la Avenida Independencia Nº . . . de la ciudad de . . . . , ante Ud. con el debido respeto me presento y digo:
Que he resuelto proseguir mis estudios superiores en la Universidad Nacional . . . .
Que para tal efecto es necesario presentar los Certificados de Estudios de los cinco años de Educación Secundaria que los cursé en el Plantel de su digna Dirección entre los años de 1986 a 1990.

Que cumplo con acompañar el recibo del pago de los derechos correspondientes.

Por lo expuesto:

Ruego a Ud., Señor Director, se sirva ordenar a quien corresponda se me expidan los certificados que menciono.

Es justicia que espero alcanzar.

Fecha: ....

(Firma)

Z. Z.

EL OFICIO

El oficio es un documento que se intercambia entre los funcionarios del Estado o representantes de instituciones particulares.

Se sobreentiende que los funcionarios del Estado o representantes de instituciones pueden mandar un oficio a personas particulares, pero éstas jamás pueden remitir oficios.

PARTES DEL OFICIO

SELLO (o papel membretado de la institución).
1. Lugar y fecha.
2. Destinatario (persona a quien se remite).
3. Lugar del destinatario.
4. Nº del oficio.
5. Cuerpo (se indican los motivos).
6. *Conclusión* (se expresan brevemente distinciones y consideraciones).

7. *Dios guarde a Ud.* (Es fórmula usada en el oficio.)
8. *Firma* (bajo la firma se colocarán el cargo ocupado y el sello de la entidad).

MODELO DE OFICIO

.... , 25 de septiembre de 199 ...

Señor Alcalde del Consejo Provincial de ......
CIUDAD
Of. Nº ....

Me es muy grato comunicar a Ud. que la Asociación de Padres de Familia del Colegio Nacional Don José de San Martín, de mi Dirección, ha hecho posible el equipamiento completo del Laboratorio de Química y Gabinete de Física del Plantel, esto contribuirá a la mejor preparación del estudiantado.

Se ha acordado que con una actuación especial se inaugure el funcionamiento de tan valiosas implementaciones.

Con tal objeto, Señor Alcalde, me honro en extenderle a Ud. la invitación correspondiente. La ceremonia se efectuará el 3 de octubre del año en curso a las 11.00 a.m.

Agradecemos de antemano su presencia, que alentará al alumnado, los padres de familia y todos los educadores.

Dios guarde a Ud.

Firma y sello: ....

EL MEMORÁNDUM O MEMORANDO

El memorándum es un breve documento que remiten los superiores a sus subordinados, y viceversa.

MODELO DE MEMORÁNDUM

...... , 10 de octubre de 199 ...

MEMORÁNDUM Nº ....

Señor X. X., Profesor de Geografía:

No habiendo entregado su Registro de nótas, se le agradece hacerlo en el día.

Atentamente,
Z. Z.
Director del Plantel

RECIBO

El recibo es un documento que certifica haber recibido dinero o especies valoradas. Es breve.

MODELOS DE RECIBO

Modelo 1

Recibí del señor X. X. la suma de $ 500.00 (quinientos dólares) por concepto de devolución de un préstamo.

Guayaquil, 28 de noviembre de 199 ...

Juan Pérez

Modelo 2

He recibido de manos del señor X. X., representante de la *Textil El Pacífico*, la entrega de mil quinientos metros de lanilla color azul y en atención a nuestro último pedido.

Puerto Plata, 10 de junio de 199 ...

Z. Z.

CARTA PODER

Es un escrito que sirve para otorgar una determinada autorización para ejecutar algo. En asuntos de mayor cuantía o representación ante Juzgados, debe ser otorgada por escritura pública ante Notario.

MODELO DE CARTA PODER

A quien corresponda:

El suscrito X. X., con Pasaporte Nº . . . . . ., domiciliado en 435 Broadway Street, de la ciudad de Paterson, estado de New Jersey, de los EE.UU. de Norteamérica,

EXPRESA:

Que mediante este documento debidamente legalizado por el Consulado Peruano de esta ciudad, otorgo la presente CARTA PODER a mi hijo Z. Z., con Libreta Electoral Nº . . . . . ., domiciliado en la Avenida Dos de Mayo, Nº . . . . de la ciudad de Lima, Perú, para que recabe mis cheques de jubilado de las Oficinas de la Zona de Educación Nº 02 del Rímac.

Paterson (EE.UU.), 11 de enero de 199 ...

(Firma) . . . .

231

MODELO DE CARTA DE TRANSFERENCIA

(Papel membretado)

New York, 15 de mayo de 199 . . .

Rev. . . . .
Pastor de la iglesia . . . . . .
CARACAS

Muy apreciado siervo de Dios:
Después de saludarle en el infinito amor del Señor Jesucristo y desearle un ministerio en victoria con la permanente unción del Espíritu Santo, le expreso:
Nuestro hermano X. X. portador de la presente, miembro en plena comunión de nuestra Iglesia Cristiana Juan 3:16, situada en 864 Westchester Ave., del Condado del Bronx, New York, ha resuelto trasladarse a la ciudad de Caracas.
A petición del mencionado hermano, le extendemos esta Carta de Transferencia a la congregación que Ud. pastorea.
Muy amado Pastor, le agradecemos recibir al hermano X. X., en el fraterno amor cristiano, y esperamos que él seguirá siendo muy consagrado y activo como lo fue con nosotros.
Me despido rogando a Dios que bendiga sobremanera la congregación que pastorea.
¡Dios lo bendiga!

Z. Z.
Pastor

ACTA

El acta es un documento donde se hacen figurar las sesiones ordinarias y extraordinarias de una institución o de una iglesia.

Referente a las iglesias, en todos los países de habla hispana, las actas se escriben en libros especiales y legalizados en primera página por un notario público, esto le concede garantía de credibilidad.

MODELO DE ACTA

En la ciudad de Elizabeth, estado de New Jersey de los Estados Unidos de Norteamérica, a los once días del mes de febrero de mil novecientos noventa, se reunieron los miembros de la Iglesia Cristiana «Fuente de salvación» de las Asambleas de Dios, en su local situado en 50-52 Atlantic St., para tratar sobre una posible expropiación del edificio de la iglesia.

Siendo las once y treinta de la mañana, el Rev. Juan Rivera, Pastor de la iglesia, elevó una fervorosa oración y luego abrió la sesión.

Acto seguido el Pastor indicó al Secretario de la iglesia, hermano Jorge L. Cotos, pasar lista y constatar si había el quórum de reglamento para llevar a efecto una sesión extraordinaria.

El secretario, luego de pasar lista, informó que de 165 miembros en plena comunión estaban presentes 158, que había quórum de reglamento porque se había superado con creces el número de 110 que representa las dos terceras partes.

El Rev. Juan Rivera, en uso de sus atribuciones y en atención a la existencia del quórum reglamentario, dijo

233

que inmediatamente se llevaría a efecto la sesión extraordinaria. El Pastor informó a la iglesia que había recibido un documento de New Jersey Turnpike, Department of Trasportation (DOT), donde se le informa que el edificio de la iglesia sería tomado para la ampliación de la supervía Turnpike. El Pastor solicitó a la asamblea se le concedan facultades especiales para constituirse ante las respectivas autoridades reclamando un justo pago por la expropiación de la propiedad de la iglesia, y dijo que la hermandad exprese su parecer y decisión al respecto.

El Hno. Damián Méndez solicitó el uso de la palabra y manifestó que la congregación debe otorgar poderes plenos de representación al Pastor para las gestiones del caso. El Hno. Delfín Sánchez secundó el pedido y, puesto al voto, se aprobó por unanimidad. Luego se levantó la sesión siendo las doce del día.

Jorge L. Cotos
. . . .
Secretario

CONCLUSIÓN

«Por tanto, al Rey de los siglos, inmortal,
invisible, al único y sabio Dios, sea
honor y gloria por los siglos
de los siglos. Amén»

1 Timoteo 1:17

BIBLIOGRAFÍA

La Santa Biblia.
Gramática de la Lengua Española. Real Academia Española.
Esbozo de una nueva Gramática de la Lengua Española. Real Academia Española.
Gramática Castellana. Andrés Bello.
Gramática Castellana. Amado Alonso-Pedro Henríquez Ureña.
Gramática Castellana. M. de Montolíu.
Gramática de la Lengua Española. J. A. Pérez-Rioja.
Gramática de la Lengua Española. Cayetano J. Socarraz.
Castellano I, II y III. Humberto Santillán Arista.
Gramática Estructural. José Cáceres Chaupín.
Castellano. José Jiménez Borja.
Compendio de Gramática Española. Editorial Ramón Sopena.
Comprensión y Expresión. Cristina Kunsch de Sokoluk.
El habla de mi tierra. Rodolfo Ragucci.
Estudios lingüísticos. A. Alonso.
Lengua Española. Luis Jaime Cisneros.
La Enseñanza de la Gramática. S. Gili Gaya.
Hacia el arte de escribir. Floyd Woodworth W.
Breve tratado de literatura general. L. A. Sánchez.
Estética. Benedetto Croce.
Filosofía del lenguaje. Karl Vossler.
Manual de redacción general. Ediciones CARPESA.
Reglas de Ortografía. Editorial Lima. S. A.

GRAMÁTICA CASTELLANA
Adaptada para el Estudio Bíblico

(3- 92)

Estimado Lector:

La DIRECCIÓN de la Editorial CLIE agradece sinceramente el que usted haya adquirido este libro, deseando que sea de su entera satisfacción.

Si desea recibir más información, remítanos este volante con su nombre y dirección y le enviaremos gratuitamente nuestro Boletín de Novedades.

Cualquiera observación que desee hacernos puede escribirla al dorso.

Desprenda esta hoja tirando hacia afuera y de arriba abajo y envíela a su Librería o a:

EDITORIAL CLIE
Galvani, 115
08224 TERRASSA (Barcelona) España

Nombre: ....

Calle: ....

Código: .... Ciudad: ....

Estado: .... País ....

Edad: .... Profesión: ....

Fecha: ....

Nota:
Este libro ha sido adquirido en:

Librería: ....

Calle: ....

Código: .... Ciudad: ....

Estado: .... País ....

OBSERVACIONES:

_____

_____

_____

_____

_____

_____

_____

_____

_____

_____

_____

_____

_____